博士生导师学术文库

A Library of Academics by
Ph.D.Supervisors

文创理念与
当代中国文化传播

胡钰　薛静　著

光明日报出版社

图书在版编目（CIP）数据

文创理念与当代中国文化传播 / 胡钰，薛静著．--

北京：光明日报出版社，2019.9（2022.4 重印）

（博士生导师学术文库）

ISBN 978 - 7 - 5194 - 5563 - 7

Ⅰ．①文… Ⅱ．①胡… ②薛… Ⅲ．①文化产品—研

究—中国②文化传播—研究—中国 Ⅳ．①G12

中国版本图书馆 CIP 数据核字（2019）第 225676 号

文创理念与当代中国文化传播
WENCHUANG LINIAN YU DANGDAI ZHONGGUO WENHUA CHUANBO

著　者：胡 钰 薛 静	
责任编辑：杨　娜	责任校对：赵鸣鸣
封面设计：一站出版网	责任印制：曹　净

出版发行：光明日报出版社

地　　址：北京市西城区永安路 106 号，100050

电　　话：010 - 67078251（咨询），63131930（邮购）

传　　真：010 - 67078227，67078255

网　　址：http：//book．gmw．cn

E - mail：gmrbcbs@ gmw．cn

法律顾问：北京市兰台律师事务所龚柳方律师

印　　刷：三河市华东印刷有限公司

装　　订：三河市华东印刷有限公司

本书如有破损、缺页、装订错误，请与本社联系调换，电话：010 - 67019571

开　本：170mm×240mm	
字　数：160 千字	印　张：15
版　次：2019 年 9 月第 1 版	印　次：2022 年 4 月第 2 次印刷
书　号：ISBN 978 - 7 - 5194 - 5563 - 7	

定　价：88.00 元

目　录
CONTENTS

第一章

中华文化与人类新文明

20 世纪初，英国哲学家罗素在访问中国的临别演讲中，对处于战乱的欧洲和西方伦理进行了严肃批评，"欧洲文明的基址，是资本主义的实业主义。这种制度，虽然在早年时代，致成无量迅速的技术上、物质上的进步，然而不免引导人类到更剧烈的、破坏的战争路上去。初为市场而战，继为原料而战"。他希望中国不要学习西方的"机械的文明"而要输出中国的文化，对中国寄予了希望，"中国将来可引导世界于进一步的发展路上去，输出内部的恬静于困苦不安的西方，否则，我们西方一定要灭亡于暴烈的癫狂之中。所以，不止中国，就是全世界，都要赖你们的功绩而改造"①。

世界进入 21 世纪，表面上看，全球化如同流水一样，让世界浸染于西方主导的价值体系与传播体系之中，达到了水面之上的平静，但是水面之下，是不同发展阶段的各国文明，都被资本裹挟到了同一条跑道上，千沟万壑的不同地貌被掩盖，看似天下大同、自由生长，实则是强者对弱者的自由。而世界性的经济低迷又引发"逆全

---

① 秦悦. 罗素：唤起少年中国 [M]. 上海：辞书出版社，2014：89 – 101.

1

球化"潮流，民粹主义政党不断崛起，英国公投脱欧、美国特朗普当选、许多右翼领导人上台。

全球化所推行的西方价值体系及其背后弱肉强食的丛林法则，逆全球化所强调的本国优先理念、封闭性自保举措，都不会是人类文明探索之路的终点。人类在达到普遍满足基本生存需求的阶段之后，创造新的文明体系和价值标准，成为面临的共同挑战。而这一挑战的核心内容就是，如何才能建立具有普遍共识和正向引导的人类新文明。[1] 在此进程中，中华文化具有无比的历史性机遇和世界性责任。

费孝通在20世纪末的一次演讲中谈道，"我们生活在具有悠久历史的中华文化中，而对中华文化本身至今还缺乏实事求是的系统知识。我们的社会生活还处在'由之'的姿态，没有达到'知之'的境界。同时，我们的生活本身已经进入一个世界性的文化转型期，难免使人陷入困惑的境地。这确实是中华文化即将进入21世纪时面临的一个无以回避的挑战"[2]。20年后重读这段论述，深感其阐释了中华文化发展面临的内外部环境的鲜明特征。

一方面，处在"由之"姿态的中华文化的自觉感、自信感还不够，这与经济建设的突飞猛进形成反差。中国的文化历史源远流长，中国的经济发展举世瞩目，但经济与文化发展的不平衡问题，也引起了广泛的反思。有西班牙记者曾在文章中提到，中国经济发展了，文化认同感却在消失。这名记者提出一个问题："一个西方化的中

---

① 胡钰. 以清晰的文化自觉来增强文化自信 [J]. 中国文化报, 2018 - 09 - 26.
② 费孝通. 中国文化的重建 [M]. 上海：华东师范大学出版社, 2014：38.

国，对世界而言，是更富裕了，还是更贫穷了？"① 这一问题是对中国文化发展的忧思，但更是一种期待，期待中国文化对世界文化做出更多贡献。

另一方面，全球化浪潮下的保守主义、消费主义、技术主义等引发人类陷入冲突与焦虑的困境，物质发展没有带来相应的幸福感增加。在新时代里，如何发展中华文化成为大问题，这不仅关乎中华民族的发展，也关乎世界文化的发展，关乎中华文化对人类新文明做出怎样的贡献。

党的十八大以来，习近平多次在不同的场合，论述中国提升文化影响力和国家软实力的重要性："文化实力和竞争力是国家富强、民族振兴的重要标志。""在五千多年文明发展进程中，中华民族创造了博大精深的灿烂文化，要使中华民族最基本的文化基因与当代文化相适应、与现代社会相协调，以人们喜闻乐见、具有广泛参与性的方式推广开来，把跨越时空、超越国度、富有永恒魅力、具有当代价值的文化精神弘扬起来，把继承传统优秀文化又弘扬时代精神、立足本国又面向世界的当代中国文化创新成果传播出去。""讲好中国故事、传播好中国声音，向世界展现真实、立体、全面的中国。"② 这些论述体现了中国最高层对中华民族文化发展的大思考，也是学术界应该深入研究的大问题。探寻中华文化的源远文脉，展

---

① 楼宇烈. 中国文化的根本精神 ［M］. 北京：中华书局，2017：46.
② 新华网. 习近平：决胜全面建成小康社会 夺取新时代中国特色社会主义伟大胜利——在中国共产党第十九次全国代表大会上的报告 ［DB/OL］. （2017 – 10 – 27）［2019 – 04 – 16］. http://www. xinhuanet. com//politics/19cpcnc/2017 – 10/27/c_1121867529. html.

现人文精神的当代力量，促进文创理念的传播发展，不仅是媒介革命、文明转轨时代里，中国谋求和谐发展的必经之路，也是世界在动荡变革中追求和平进步的文明宝藏。

（一）人文精神与中华文化影响力

1. 中华民族的文化自觉

当代民族国家的出现，既是政治共同体，也是历史文化共同体，后者带有更根本的意义，对内凝聚人心，对外展示形象。"中华民族"一词的提出，其时代背景正是 20 世纪初，中国国力衰退民心涣散之时。1902 年 4 月，梁启超在《新民丛报》第 5 号上连载的《中国学术思想变迁之大势》一文中写"上古时代，我中华民族之有海思想者厥惟齐。故于其间产生两种观念焉：一曰国家观，二曰世界观"①。这是"中华民族"概念的最早出现。

梁启超在提出这一概念时，仍旧带有以汉族为中心的思想倾向，对于满、蒙、回等少数民族的差异性有所夸大，但是随着这一概念提出后的反复思考与多方辩论，梁启超也发现，20 世纪初的中国，多民族共存、多文化融合是其基本国情，帝国主义列强侵略势力与国内局部地区分裂势力相互勾结是其严峻挑战，政府无能、民众焦灼、边疆危机，在这生死存亡的历史时刻，如果因为追求个别民族的中心主义、掀起排他浪潮，就必然会为中国这个多民族社群带来激烈的内部冲突，导致毫无进步意义的内耗。中国要想从封建主义国家进步成为现代意义上的民族国家，就不能只看到各民族之间的

---

① 梁启超. 论中国学术思想变迁之大势 [M]. 上海：上海古籍出版社，2001：29.

差异，更应该看到在中国的广袤土地上，各民族人民在文化上相互影响，在生活上群居融合，在面对外部侵略时万众一心的民族向心力。

因此，到了1905年，梁启超对"中华民族"这一概念内涵进行了新的定义，"中华民族自始本非一族，实由多数民族混合而成"，力证"中华民族"融合多族、终而合一的历史事实。梁启超对"中华民族"一词的创造和使用，首先为"中华民族"概念形成的历史事实进行了追溯、梳理和界定，其次也让我们看到，"中华民族"作为一个现代意义上的民族国家概念，其提出、思辨与发展，都与"国家观""世界观"紧密结合，"中华民族"作为一个历史文化的概念，也与中国对内的政治稳定、凝聚人心，世界局势的多方博弈、谋求破局紧密相关。"中华民族"概念的提出，"体现了现代中华民族意识觉醒的最初阶段性"①。

费孝通认为："中华民族作为一个自觉的民族实体，是近百年来中国和西方列强对抗中出现的，但作为一个自在的民族实体则是几千年的历史过程所形成的。"② 费孝通在对中华文明共同体形成的研究中指出，中华民族得以形成，有其孕育和生存的地理环境因素，但是更为关键的，是其发展过程始终保持着多元文化资源的汇入和内部融合机制与其不断互动。民族实体"自在"的过程就是一个不同民族文化融合的过程，最终形成了"多元一体格局"，历史的发展也证明了梁启超对多民族国家的构想是正确的。这都说明，中华民

---

① 黄兴涛. 重塑中华——近代中国"中华民族"观念研究 [M]. 北京：北京师范大学出版社，2018：66-67.

② 费孝通. 中华民族的多元一体格局 [J]. 北京大学学报，1989（4）.

族作为历史文化存在的稳定性更强于地理存在、政治存在。

值得重视的是，"中华民族"概念一经形成，就成为百余年来中国救亡图存、自强不息进程中的核心概念之一，典型的是，抗战期间诞生的《义勇军进行曲》中就有"中华民族到了最危险的时候"的歌词，而这一歌曲最终成了中华人民共和国国歌。更重要的是，进入新时代，中国又提出了中华民族伟大复兴的"中国梦"。从"中华民族"这一概念承载的丰厚历史文化内涵上看，伟大复兴目标对当代中国树立文化自信、建设文化强国，无疑提出了很高的要求。如何形成对中华民族的历史文化与未来发展的共识，成为新时代中国发展中的一项重大任务。

中华民族存在的共识基础在于对其历史文化的自觉认知。费孝通在1998年的一次演讲中提出："文化自觉，意思是生活在既定文化中的人对其文化有'自知之明'，明白它的来历、形成的过程、所具有的特色和它发展的趋向。自知之明是为了加强对文化转型的自主能力，取得决定适应新环境、新时代文化选择的自主地位。"

什么是"自知"与"自觉"呢？哲学意义上的"自知"，是指能够正确地认识自己，了解自己的长处和短处，老子在《道德经》中就曾经写道："知人者智，自知者明，胜人者有力，自胜者强。""知人者"对事物的了解是对外的，"自知者"对世界的洞见，则是经由外界的反馈和比较，而重新指向自身的；"胜人者"的力量是凭借与外力的比较而凸显自身，"自胜者"的力量则是通过不断超越自己，而不断进步、强者益强。因此，对于文化这样一个不断发展、不断变化、不同地区各具特色的对象来说，"自知之明"就非常重要，它要求身在其中的成员都了解自己身处的文化，能够在更广大的时间、空间范围内，充分认同自己的文化，广泛认识不同的文化，在此基础上兼容并包、向前发展，才能由"自知""之明"走向"自知""致明"。

由"之明"走向"致明"的过程，也就是"文化自觉"的表现。自觉，首先是指自己因有所认识而主动去做，其实质更是内在自我发现、外在付诸创新的自我解放。自觉是人类在自然进化中通过内外矛盾关系发展而来的基本属性，它既是每个个体维持生存的基础，也是整个族群不断发展的动力。"文化自觉"则更加强调"自觉"的社会属性，一个民族对自身文化在历史前进中所处地位有深刻认识，对文化发展规律有正确把握，对文化承担的社会责任有准确引导，才能促成本民族文化的繁荣发展、本民族文明的进步开放，在人类文明之林中找到自己的位置、发挥自己的作用。

"作为中华民族的成员，我们有责任先从认识自己的文化开始，在认真了解、理解、研究传统文化的基础上参加现代中华新文化的创造，为新世纪的文化建设积极准备条件。"① 事实上，民族文化作为一种"日用而不知"的存在，常常会被本民族的成员当作一种理应如此的本质化存在。

一方面，人们对民族文化发展的历史不了解，也就很难唯物、辩证地看待它。一些文化旧习因为失去了诞生时的物质基础、没有了相应的社会经济背景，慢慢沦为糟粕，但这并不意味着所有文化习俗都是陈旧过时、需要打破的。例如，中国文化中具有巫医传统，

---

① 费孝通. 中华民族的多元一体格局［J］. 北京大学学报，1989（4）.

在古代医疗条件不发达、知识水平不完备的情况下，湘西、滇南等少数民族地区的人们生病，会求诸巫师跳大神、施法力，为病人祛除病秽。现在来看，这样的治疗方法当然无法和经过科学验证的西方医疗体系相提并论，但是也并不意味着这些少数民族的民族医药毫无可取之处，必须强烈批判、弃如敝履。巫医的治疗之中，从科学的角度来看，一些秘药土方，其中也包含了对动植物中有效治疗成分的粗提取，一些带有宗教色彩的仪式活动，对人类社群生活的心理状态有很深层次的把握，一些祭祀中的纹饰与舞蹈，也具有独特的艺术美感。这些都是可以古为今用、辩证认识的部分。如何正确地继承发展传统文化，分辨其中的精华和糟粕，并对优秀的传统文化加以创造性改进，使之适应当代社会的需求，"自知"与"自觉"就是基础。

另一方面，人们对文化习以为常，就容易麻木不仁，对本民族自身的文化缺乏敬畏，而对异文化感到新鲜、好奇，从而产生文化上崇洋媚外的心理。同样身处东亚，日本抓住了二战之后欧美等老牌资本主义国家向外产业转移的契机，一跃成为"亚洲四小龙"之一，跨进发达国家的行列。日本在建立健全经济基础后，对本国文化的包装、营销和对外输出，达到了典范的水平。日本动漫作为国家文化品牌，不但向亚洲其他发展中国家大力输出，也能够成功地在欧美等发达国家的市场中获得一席之地。其文化工业水平的确属于世界一流水平，也有很多值得我国学习和借鉴的地方。但是文化工业水平的高低并不代表着文化资源的多寡，更不代表文化价值的优劣，许多一度痴迷日本文化的年轻人，常常在蓦然回首时才发现中华民族的文化也毫不逊色，甚至更胜一筹。例如，日本清酒一向以取名风雅著称，"月桂冠""千代缘""矶自慢"，一度引发人们对中国酒取名直白、土气的吐槽。但是作为东方酿酒的发源地，中国不但在酒的酿造方法和成品种类上更加丰富多样，也有很多独具美感的酒名，"竹叶青""女儿红""剑南春"，只不过因为人们太经常看到，而忽视了其中的意蕴。对文化"自知""自觉"，并不是浅尝辄止地听过、看过，而是要重新建立起与本民族文化的"观照的距离"，从而唤起"陌生性"，发觉其中被自己忽视的独特元素，形成更深刻的理解，才能带来更切实的文化实践。

建立起对本民族文化的自觉与自信，就好比在风浪中锚定了自身的位置。如果没有"自知之明"，面对世界各种文化的冲击，只会是"东风来了向西倒，西风来了向东倒"，东西摇摆中毫无自主性，又何谈文化自信？

从逻辑的维度看文化自信，对中华民族的伟大复兴来说，有了文化自觉，才会去认识自己的文化，在此基础上，推动文化自强，才会去创造中华新文化，最终，在文化自觉与文化自强的基础上，才能切实树立起全民族的文化自信。从历史的维度看文化自信，当近现代中国在学习西方先进科技、经济、制度时，忽视了自身的文化基因，而在当代中国的经济日益走近世界舞台中央时，中国的文化却并未同步跟上，由此导致中国在世界的美誉度和贡献度的不匹配、文化软实力和经济硬实力的不匹配，于是文化自觉的意识日趋浓郁，对文化自信的呼唤日趋强烈。因此，着眼于全球化条件下中华民族持续发展的目标，从历史与逻辑相统一的文化发展视角看，坚持文化自信、建设好中华文化无疑是更基本、更深沉、更持久的力量。

2. 人文精神的当代价值与世界意义

1920 年 10 月，英国哲学家罗素，经由西伯利亚抵达中国，在北京访学直至次年 7 月。罗素虽然生活在英国，但是却是一个社会主义者，对西方文明日渐遭受金融资本控制充满忧虑；他也是一个和平主义者，一战期间就曾因反战而遭到监禁。20 世纪 20 年代的中国，可谓世界上最大的贫弱之国，除了磨刀霍霍的帝国主义列强，很少有人愿意怀着平等而真诚的态度前来为中国把脉。但是罗素却在此阅读文献、观察生活，经过长期的体验、比较和思考，积累了大量手稿，并且在回国后出版了《中国问题》一书。

在《中国问题》这本书中，罗素坦言："中国的问题不仅是政治独立的问题，文化独立在某种程度上也同样重要。"[①] 这一论断从近百年后今天中国的发展来看，无疑具有极强的洞察力，文化独立正是文化自信的突出体现。对于中国的文化发展，罗素寄予厚望："如果中国能免受外国的戕害，那么，从现在起，这一复兴的精神可以发展出一种较世界上任何文化都更加优秀的文化。"这一发展目标就是"保存中国人的文雅、谦让、正直、和气等特性，把西方科学的知识应用到中国的实际问题中"。罗素认为西方的人生观会导致扩张主义、帝国主义，因此他坚决反对中国学习西方的人生观，并建言："如果中国的改革者在国力足以自卫时，放弃征服异族，用全副精力投入科学和艺术，开创一种比现在更好的经济制度，那么，中

---

① 罗素. 中国问题 [M]. 上海：学林出版社，1996：191.

国对世界可谓是尽了最恰当的义务，并且在我们这样一个令人失望的时代里，给人类一个全新的希望。"① 事实上，今天的中国在民族独立、国家富强后提出文化自信，提出构建人类命运共同体，也正暗合了罗素的这一希望。

罗素在百年前的慨叹，于今天的世界依然具有现实意义。在一个保护主义、消费主义、技术主义盛行的时代里，人类社会需要高扬人文精神，需要新的文化和新的希望，而中华优秀传统文化的复兴与发展将成为人类新文明建设的重要力量和广阔基石。

在中华优秀传统文化中挖掘最具当代价值、世界意义的内容，就要从中国文化中深层次的精神入手，找到精髓，体现要义。楼宇烈提出，"与西方文化相比，以人为本的人文精神是中国文化最根本的精神，也是一个最重要的特征"②。这一判断体现了中华文化的鲜明人文特质，也表明了中华文化的深厚人文内涵。

中国传统思想文化，本质上是围绕"人"的问题而展开的——关注人在现实世界中如何学习知识、遵守规则、达到内外的平衡、获得自我满足与自我实现、坦然地走向死亡。与西方神本主义、将彼岸世界作为现世人生的行为准则和价值目标的特点不同，中国文化之中，一切是以人的现世生活为核心结构起来的。即便上有天庭的神仙、下有阴间的鬼怪，但他们也都是围绕在现世周围，为了保障现世人生的道德法则而存在的。民间神话传说中，通常对行善之人的奖赏，不是让他乘鹤西去、位列众仙，而是由神仙出面，许诺

---

① 罗素. 中国问题［M］. 上海：学林出版社，1996：197－198.
② 楼宇烈. 中国文化中以人为本的人文精神［J］. 北京大学学报，2015（1）：8.

他以现世的幸福，对作恶之人的惩罚，也不是重在上天堂或者下地狱的归宿，而是直接"天打雷劈、不得好死"，中断他的现世生活。即便是鬼神，其逻辑也是按照人世的规则进行的：人死化鬼，鬼守护子孙后代，升为家仙。家仙有了名气，变成村神、镇神，守护一方土地。在东岳大帝面前做出成绩，就能升为城隍，进入地仙的行列。地仙干得出彩的，飞升成上仙也是有指望的。① 即便是鬼神世界，也有明确的晋升体系，推崇勤勉地行使职责，这在西方宗教神话体系中是很少见的。

中华文化中的人本思想和人文精神，对西方神本思想带来的思想禁锢和生产力制约产生了巨大影响，具有广泛的世界意义。楼宇烈认为："启蒙运动的思想来源之一是古希腊罗马文化，而更重要的来源是16世纪以后通过西方传教士从中国带回去的以人为本的文化精神。他们以中国的人本思想去批判欧洲中世纪以来的神本文化，高扬人类理性的独立、自主，把中国看作最理想的社会。"② 同样，梁漱溟也认为，"十七十八世纪之所谓启蒙时代理性时代者，亦实得力于中国思想（特如儒家）之启发，以为其精神来源"③。中华文化中对人的关注是全方位的，既关注人的身心本体，也关注人的社会存在，由此形成了以儒释道为代表的不同思想文化学说，而儒释道也共同构成中国千年以来的政治框架、伦理框架与精神框架，成为

---

① 新浪微博. 风息神泪 [EB/OL]. （2017 – 01 – 03）[2019 – 03 – 20]. https：//weibo. com/1448495451/Ep6p4pI1H？fro = page _ 100505144849545 _ profile&wvr = 6&mod = weibotime&type = comment#_ rnd1554731888081.

② 楼宇烈. 中国文化的根本精神 [M]. 北京：中华书局，2017：47.

③ 梁漱溟. 中国文化要义 [M]. 上海：上海人民出版社，2016：9.

稳定的文化框架，共同支撑人文精神的实现。

在当代中国文化的建设和传播中，突出人文精神的核心价值，对于时代发展、世界问题都具有普遍性意义。弘扬人文精神，有利于建立社会伦理。西方价值观的布道者往往都是社会达尔文主义者，将"经济人"假设和等价交换原则作为市场行为的遵循法则。然而要建立真正平等互利的人与人关系、国与国关系，要突破资本对社会运行的主导控制，人文精神才是社会价值的核心。人文精神讲"仁"，仁者使人爱己，仁者爱人，仁者自爱，仁者与天地万物一体。人文精神讲"礼"，以"礼"为基础实现全社会的有序的自由，以"礼"平衡己与人、欲与理。

即便是遵从市场经济法则的全球企业，也需要克服唯资本论、唯利益论的弊端，才能从一时的独角兽，成长为具有社会责任感和公众美誉度的百年老店。在全球竞争日益激烈、经济形势瞬息万变的今天，如果企业只追求商业利益，在业绩上升时盲目疯狂扩张，逼迫员工超额加班、罔顾健康，在业绩下降时减薪裁员，甚至为了节省成本，钻法律的空子，不愿按照正常的裁员赔偿标准执行，那么这样的企业又有什么信誉可言呢？在经济学上，人是劳动力、是人力资源、是经济运行的有机组成部分，但是在现实社会中，这一"经济要素"却是有血有肉、有思想有感情、有经验有判断的人。面对低人文精神的企业，即便它面对的市场需求再大、给出的经济回报再高，许多高水平人才都不愿意选择，宏观上也就造成了资源调配失灵。21世纪是人才的世纪，智力资源是核心竞争力，智力资源所依托的不是冷冰冰的数字和商品，而是人。理解人、尊重人，正是人文精神的关键。也正因此，弘扬人文精神，建立社会伦理，才能规避唯资本论带来的极端风险，促进社会资源的合理调配，减少负外部性促进经济在平稳中发展。

弘扬人文精神，有利于推进生态文明。值得注意的是，西方的人本主义不同于中国的人文精神。前者是人类中心主义，人为万物主宰，后者保持人的主体性、能动性，但又不凌驾于万物之上。按照人文精神理解"人定胜天"，并非人能战胜天、超越天，而是人能知天、顺天，如此则天人合一、顺天为事。

今日追求的环境保护、生态和谐，其实更深层的是生态伦理和动物伦理，此为人文精神。美国著名的自然主义作品《寂静的春天》中警告我们：如果人类继续无休止地破坏环境，让"鸟语"无声，让"花香"无存，人类只会孤独地走向死亡。人类已经享有这么多的资源，却也生活在膨胀不止的欲望之中。无休无止的欲望和有边有限的资源所产生的矛盾，才是环境问题的核心。人类需要约束自身的欲望，将自己当作大自然中一个有机存在的部分，而不是自然系统的统治者、破坏者和终结者，应合理运用自然所赐予人类的资源，给予这些资源可以循环再生的时间。人文精神，是人在自然面前的敬畏与自制，也是人类得以在自然面前生存下来的根本。

弘扬人文精神，有利于打破唯技术论。人文管方向，科技管方法。在科技进步越来越快、科技影响力越来越大的时代里，需要正视技术对人类社会的综合影响，特别是负面影响。早在1924年，瞿秋白就谈道："技术的发明愈多，人类的物质的需要也愈多——如此辗转推移，永无止境。""文明人不但没有从物质生活解放出来，反而更受物质需要各方面的束缚锁系。"① 要明确科技发挥作用的边界，防止把科技当作宗教，只问"有无科学依据"，不问"有无人文价值"。

科技作用巨大，但具有两面性。今日的人类文明危机之处在于，算法时代的工具理性不但正在侵蚀着价值理性的空间，更是想要定义"价值"本身，让"价值理性"成为空洞的能指。"这种'算法式说服'的危险之处在于，它以'产品工程设计（Product Engineering）'的表象掩盖'社会工程设计（Social Engineering）'的本质，以为只要有了足够的数据和正确的算法，就能对人的行为进行精确分析、判断、预测，并做出引导。"② 文化信仰、文明体系的缺失，带来的是人们逐渐放弃对自身价值、社会秩序的探索，更是人类不再将自己视为可以独立判断、能够自我控制的个体，是需要机器保姆照顾的对象。在当代社交媒体中出现的算法引导信息现象，以及由此引发的信息茧房、个人封闭、社会极化乃至分化的问题，充分表明缺乏人文精神的引导，人在技术的创造中会被异化。

弘扬人文精神，有利于丰富精神世界。人的存在是由两部分构成：精神性存在与物质性存在。在现代社会中，人们更多关注物质世界，而忽视了精神世界。物质世界里的满足总是短暂的，在资源有限的情况下受益者也只是部分人，因而导致社会焦虑、浮躁情绪的普遍存在。而在精神世界里，人文精神具有极强的正向引导力。人文精神重内省、轻外物，提倡以己役物心平愉。这种精神状态可

---

① 楼宇烈. 中国文化的根本精神［M］. 北京：中华书局，2017：298－299.
② 陈赛. 硅谷锤子与未来神话［N］. 三联生活周刊，2015（12）.

以有效提高当代人的幸福感。

中华文化在人类文化史上是极独特的，这种独特表现在其原创性上，与印度文化、西方文化等都是相互独立形成的；其也是延续性的，与各种原发的古代文化相比，"唯中国能以其自创之文化绵永其独立之民族生命，至于今日岿然独存"①；其更是稳定性的，"中国文化在其绵长之寿命中，后一大段（后二千余年）殆不复有何改变与进步，似显示其自身内部具有高度之妥当性、调和性，已臻于文化成熟之境者"②。要提升中华文化影响力，先要讲清楚自己的文化特征，特别是人文精神这一文化精髓的内涵与意义，再去与西方文化、世界文化做对比，之后根据时代需求做创造性转化、创新性发展，最终与各种文化一道积极推动构建人文精神引导的人类新文明。

3. 人文精神的当代传播与发展机遇

人文精神是中华文化的文化基因，渗透在中华文化的内在理论与外在表现，同时，这一精神又具有很好的当代价值与世界意义，便于开展国际对话与跨文化传播，因此，传播好中华人文精神，对外可以提升中华文化影响力，对内可以提升民族文化自信心。

向世界传播中华人文精神，有三个层次，其一是传播这一精神的"形"，具体体现在艺术、技能等方面；其二是传播这一精神的"用"，具体体现在养心、利生等方面；其三是传播这一精神的"道"，具体表现在哲学、价值观等方面。相比起来，前两个层次更

---

① 梁漱溟. 中国文化要义［M］. 上海：上海人民出版社，2016：8.
② 梁漱溟. 中国文化要义［M］. 上海：上海人民出版社，2016：9.

容易实现，第三个层次更体现中华文化的独特魅力。

要提升中华文化影响力，在向世界传播中华人文精神的过程中，不能为了迎合不同文化群体的差异而放弃自己文化的独特性。中华文化理解世界偏重直觉思维、整体思维，西方文化理解世界偏重理性思维、还原思维；中华文化约束行为偏重内在伦理，西方文化约束行为偏重外在契约；中华文化面对不同文化偏重包容与融合，是和平主义的，西方文化面对不同文化偏重征服与统一，是扩张主义的；等等。这些差异是根本性的，也是独特的中华文化对世界文化的贡献所在。

从不同文化的交流进程看，大致可以分为三个阶段：第一阶段，你是你，我是我，不同文化坚守各自的特征，观察对方，了解对方；第二阶段，你中有我，我中有你，不同文化间接受了彼此的一些内容，纳入自己的文化中；第三阶段，你还是你，我还是我，不同文化在接受异文化的内容后将其彻底融入，推动了各自文化的独特发展。历史经验表明，在文化交流中，没有主体性则没有影响力，只能被同化和替代。自主的开放才是真实的开放，自主的融合才是积极的融合。提升中华文化影响力，推动中华文化发展，坚持文化主体性是首要原则，当代中国文化发展中的"立"比"破"更重要。

进入 20 世纪特别是 21 世纪以来，从世界大战到东西方冷战再到恐怖主义，从石油危机到粮食危机再到生态危机，人类面临一系列全球性问题，由此，世界文化发展出现两个显著趋势：一个是"向后看"，各种文化都在各自传统中找寻发展的资源，力求返本开新；另一个是"向东看"，普遍关注东方文化特别是中华优秀传统文化。对中国来说，这是难得的发展自己的优秀传统文化、为世界文化做出自己独特贡献的历史性机遇。

美国远东思想史学者狄百瑞在《东亚文明：五个阶段的对话》一书中就反思了所谓"进步"这一概念，认为其本身就是一个西方的概念，假定了西方的进步性和优越性，他质问道："为什么西方没有能够符合东亚儒家的文明行为呢？为什么它不能打扫自己的后院并待在家中……以一种成熟的、负责任的方式来行事，而不是在世界上追逐使得别人不安宁呢？"① 这一反思提出了一个深刻的"文明参照系"问题，即为什么要将西方文明作为单一的"文明参照系"，以之来衡量包括中华文化在内的人类各种文化类型。事实上，人文精神作为一种处理人与人关系、人与自然关系、人与社会关系的先进思想体系，无疑更应该成为衡量文明进步性的参照尺度。

1921 年 7 月，罗素在访问中国后的临别演讲中深刻指出了西方文明的问题，告诫中国要走自己的道路，他认为："欧洲文明的基址，是资本主义的实业主义。这种制度，虽然在早年时代，致使无量迅速的技术上、物质上的进步，然而，不免引导人类到更剧烈的破坏的战争路上去：初为市场而战争，继为原料而战争。""纵使我们西方的文明不因战争而毁灭，尚能残存，然所可惧者，彼将更成机械的，对于个人的地位及其特性，益增蔑视，与日俱长。这种机械的文明，颇难望其有丝毫价值，所以中国人要不去专事模拟西方的方法，始可为自己的国家或世界图谋幸福。"② 从近百年来的人类

① 狄百瑞. 东亚文明：五个阶段的对话 [M]. 何兆武，何冰，译. 南京：江苏人民出版社，2013：62.
② 秦悦. 罗素：唤起少年中国 [M]. 上海：上海辞书出版社，2014：89－90.

战争史看，从当下逆全球化思潮、贸易保护主义抬头乃至贸易战来看，罗素的见解何其有远见！这也更加呼唤人文精神在世界范围的传播，呼唤中华文化全球影响力的提升。一个充满人文气息、人文关怀的世界，才是一个健康、和谐的世界。

传统是原创的丰厚土壤。人文精神作为中华优秀传统文化中的稳定内核和宝贵基因，是建设新时代中华文化的基本依托，也是人类新文明建设中的广阔基石。当前，把握中国综合国力持续上升的历史机遇，挖掘人文精神中适应人类社会的内容、丰富人文精神的时代内涵、传播人文精神的影响，既可以有效创新与发展中华优秀传统文化，也可以持续提升中华文化影响力。在此进程中，既要抱有对民族文化传统的尊重，对民族文化根脉的爱惜，又要避免文化传承的形式主义乃至文化复古主义，而且要把握中华优秀传统文化的精神与精髓；既要保持坚定的文化主体性，又要避免极端的文化封闭性，而且要认识到中华文化的人文性、包容性与开放性对于解决当代人类突出问题的世界意义。

以民族的眼光观察世界的美景，才能看到真正的美。楼宇烈曾问："我们是要做现代化的中国人，还是现代化的西方人呢？"他的回答是："不管在什么样的经济条件下，我们都要坚持做发展传统的中国人，并致力于弘扬优秀的传统文化。"① 这一问一答体现了中国学者的风骨，也展示了中华文化的魅力。以开放的胸怀建设世界的文化，才能实现真正的美。对当代人类文化发展来说，保护文化多样性，打破单一参照体系，让各种文化绽放自己的美，是世界与文

---

① 楼宇烈. 中国文化的根本精神［M］. 北京：中华书局，2017：3.

化可持续发展的历史必然。而在 21 世纪的人类文化生态中，中华人文精神愈发成为一种重要的人文能量，释放出越来越大的全球影响力。

（二）人类新文明视野下的中华文化建设

1. 文明的概念单一性与发展多样性

文明的曙光降临之初，人类就已经有了"野蛮"与"非野蛮"的感性区分，而与形容词"非野蛮的"相对应的抽象名词"文明"，则是在 1756 年由维克托·里克蒂·米拉波在《人类之友》一书中，首次在非司法领域使用。此前的《通用法语和拉丁语词典》中，"文明"被定义为一个"法学术语"，指代由民法取代军法的社会，是希腊城邦公民意志发展而来的结果。而米拉波则在此基础上加以扩充，认为"文明"是指代一个文雅、有教养、举止得当、具有美德的社会群体。而在这部《人类之友》中，他则进一步将"文明"的范畴予以扩充，认为"文明"是广泛存在于农业、工业、商业中的一种特定的社会交往形式，推崇不断增长的人口、自由和公正。由此可见，"文明"的概念是基于欧洲中心主义对人类自身发展的反思而提出的。

米拉波为"文明"勾勒出了主体、范畴与衡量标准，而相同时代的法国财务大臣杜尔哥和苏格兰启蒙思想家弗格森，则重视"文明"内含的动态与发展，他们将"文明"视为过程，重视文明概念中的"教化"，把人的精神和行为逐渐发生变化作为"文明"的标志。在这些思想家的论述中，"文明"在人类词典中的定义逐渐确立，并在世界范围内传播开来，正如斯塔罗宾斯基总结道的："文明之所以能够被人迅速接受，是因为它将先前存在的多种表述概念聚于一身……文明一词首先指的是一种过程，即个人、国家和所有人类走向教化（civilized，这个词过去就存在）的过程，然后它也指代这一过程带来的结果。文明概念充当了一个将多种观念统一起来的概念。"①

文明的概念很快成为殖民主义意识形态的重要内容。15 世纪末到 16 世纪初的大航海时代，既为"文明"概念的确定提供了素材，让欧洲人对自身的存在与发展产生了反思，又让他们在这种援引和比较中，不由自主地将"文明"建立在宗教、科学与种族之上，凸显自身在文明中的优越地位：基督教伦理对人的行为规范进行约束和引导，是"教化"的方式；科学和技术是帮助人们不断战胜自然、寻找规律，不断使自身的力量膨胀，是"教化"的内容；而宗教与科学让欧洲白人这一族群蓬勃兴盛，让白种人认为自己是最文明的种族。

及至 19 世纪，在达尔文进化论的影响下，西方的基佐和东方的福泽谕吉先后再论文明，将文明的性质阐述为个人的精神发育和社会的秩序养成，而这两者都存在从不足到成熟的过程。也就是说，人类发展宏观层面的"文明"，存在着一条既定的路径，在这个线性的路径上，各个地域文明的不同，不再是"空间/共时"层面的不同，而成为"时间/历时"层面的不同，先后之分也就成了优劣之

---

① 布鲁斯·马兹利什. 文明及其内涵［M］. 汪辉，译. 北京：商务印书馆，2017：13 - 26.

别。这些建构出的时间上的"明日先知"，实际上是为了在空间上"打击异己"。当社会达尔文主义用生物进化论的物竞天择、适者生存来解释社会的发展规律和人类之间的关系，一方面为"只有强者才能生存，弱者只能遭受灭亡"的殖民主义逻辑提供了理论支持，另一方面，则将人类文明的多向发展挤入了一个单行道中。

尽管这种文明概念的单一性是强势的，但显然是站不住脚的，也是被一些欧洲思想家所质疑的。法国思想家伏尔泰认为，"跟一个像中国这样的民族争夺它那些名副其实的名望是何等鲁莽笨拙"。"中国人在道德和政治经济学、农业、生活必需的技艺等方面已臻完美境地，其余方面的知识，倒是我们传授给了他们的。但是在道德和政治经济、农业、生活必须的技艺等方面，我们却应该做他们的学生了。"①

伏尔泰的认识与罗素一样，显然看到了中国文明不同于欧洲文明的特殊性，看到了中国文明这一古老文明具有的历史成就与世界价值。遗憾的是，由于晚清以来中国落后挨打的局面，使得世界看轻了中国文明的特殊意义，乃至国人自身对中国文明的价值也抱有怀疑态度。似乎人类文明的进程就是单一的线性进化过程，现代化等同于欧美化，西方价值观等同于普世价值观。

以中国文明发展而论，一直以来被视为"传统"和"现代"而对立存在的"晚清"与"五四"，在王德威的"没有晚清，何来'五四'"中被振聋发聩地解构。在《被压抑的现代性：晚清小说新论》一书中，王德威从一向不受重视、历来被视为行将就木的晚清

---

① 伏尔泰. 哲学辞典［M］. 王燕生，译. 北京：商务印书馆，2005：319－323.

文学中，摘取了狎邪、侠义、谴责与科幻四个门类，发现在晚清中国的这些文学作品中，已经有了关于欲望、正义、价值、真理这些现代性核心命题的探索。在体现人们空间与时间想象的晚清科幻中，"传统/现代""中国/西方"都属于空间范畴，而非时间范畴。线性史观的本质性被打破，从而让我们司空见惯的思维定式，显现出其后天建构的一面。与此同时，未被西方启蒙的中国，依旧基于自身的文化传统和社会发展，产生了"现代性"意义上的文明萌芽。①如何看待中国文明的现代性基因与动力，成为学术界一个崭新的视角。

同样，学界对中国古代史的研究中，提出明朝后期在经济上的资本主义萌芽、唐宋的现代性色彩政治经济改革，与其说是将中国现代文明的萌芽时间不断前推，不如说是打破西方视角下的"传统"与"现代"的二元对立，质疑西方线性历史的进化论、发展论和方向感。西方线性史观正是通过将"中国"与"西方"的关系转化为"传统"与"现代"，"落后"与"先进"，而将中西之间的不平等关系不断内在化。中国与西方，是建立在两种文化资源上的不同文明模式，也是无法以同一个模式化的指标来衡量各自的文明程度的。追溯中国从何时发展成为西方现代意义上的"文明"，不如重新讨论我们应该如何描述"文明"。

中国文明如是，亚洲、非洲与拉丁美洲等地的文明亦是，每一种文明都有着自身特殊的区域、历史和贡献，都滋养了各自的族群，

---

① 王德威. 被压抑的现代性：晚清小说新论 [M]. 宋伟杰，译. 北京：北京大学出版社，2005：8 - 10.

也被各自的族群所珍爱。其实，即便是一度被视为"历史的终结"的欧美自由民主体制，一次次面临危机、左支右绌，也不得不从其他文明汲取文化资源，这些所谓"落后文明"的独特价值不断凸显，甚至还成为人类未来的希望所在，如同罗素把中国文明作为弥补西方文明病症的良药，奥地利作家斯蒂芬·茨威格将巴西视为"未来之国"。事实上，人类不需要强迫的、统一的、同质的文明进程。人类文明发展的方向，应当是推动建立文化多样性的现代化，而不是文化单一性的现代化。在人类新文明的建设中，打破单一参照体系，建立多样生态体系，才是整个人类文明走向可持续发展的必然选择。

人类的文明观念需要更新升级，从欧洲定义的旧文明，更新为体现多样性的人类新文明。在人类旧文明的观念中，纯粹才能完美，只有"自古华山一条道"，不同地域的文明无法并存，只有相互替代。而在人类新文明的观念中，融合才有活力，追求"条条大路通罗马"，建设人类物质丰富与精神丰富的美好未来，可以通过多种途径实现。每个个体既对自身的民族身份感到骄傲，也对作为全球文明的一分子心怀认同，在不同文明与文化的对话、理解、吸收与合作中，丰富自身文明的内涵，增添与时俱进的调整。人类新文明的愿景，既是人类整体走向新的发展阶段，又是每一个子文明获得活力、得以延续。

2. 当代中华文化建设的着力点

中华文化的复兴是中华民族当代发展的重大使命，也是中华民族贡献世界的强大动力。文化自信的出发点是文化自觉，落脚点是文化自强，通过自主选择文化发展道路，着力构建支持民族发展的精神支柱与文化条件。

（1）着力点之一：强化国家的文化主体性

当代民族国家的文化属性与政治属性、地理属性等同等重要。葛兰西在论述"文化霸权"时强调，文化霸权的"领导"与暴力机器的"统治"不同，是一种经过大众同意进行统治的方式。它不是争夺"领导"权的问题，而是争夺领导"权"的问题。中国的文明源远流长、文化资源丰富，但在将强大的文化资源转化为文化领导权、突出国家的文化主体性上，还远远不够。

21 世纪的国家竞争，愈发体现为意识形态之争、价值观之争、文化之争。国家的文化主体性对外决定能否占据道义制高点，产生文化吸引力，对内决定能否形成民族凝结核，产生文化凝聚力。

中国已经走进世界，然而世界还没能完全走进中国。如同人与人之间打交道、做生意一样，决定合作到什么程度的，是具体的利益和条件，但决定能不能合作的，则是双方坐下来谈条件之前，对彼此的总体印象和初步判断。因此，解决国际争端，消除对抗思想重于销毁对抗武器，促进国际合作，强化文化主体性基础上的人文交流优于强化贸易优惠性。

国家的文化主体性体现为精神独立性、认同自觉性、话语系统性。国家间的经济水平可以有高低，但文化间只有差异没有高低，各自的精神世界是基于历史、地理等独立形成的。本国内的国民应对自身的文化基因、文化血脉有自觉认同，并基于这一文化认同塑造自身，与不同文化进行平等交往，没有对强者仰视、对弱者俯视的跨文化摇摆。文化的表现形式是话语体系的系统性，围绕自身文化能够形成完整的概念、范畴、表述体系。

（2）着力点之二：强化全民的文化认同

如果不能建立有效的民族文化体系、获得全民投射的认同，其弊端在于，一旦个人的人生遭遇一些挫折，就容易陷入精神困境之中，一旦国家的发展遇到一些困难，就容易陷入历史虚无之中。政治上缺乏信仰，社会上缺乏信任，文化上缺乏信心。不能够以长远的历史眼光看待社会生活，动辄前半年听信自媒体鼓吹"消费升级"，就架设杠杆过度消费，后半年听到朋友圈传言"消费降级"，就战战兢兢觉得即将破产。既没有享受改革发展红利的坦然与自信，也缺乏全民族共克时艰的决心与勇气。

建立文化认同，就是建立人民对自身历史与文化的了解，从而在漫长的时间和辽阔的空间中，找到自身归属的文化社群，形成自觉自发的内驱力、向心力。要获得这种了解，最便捷的方式，就是以史为鉴、开卷有益。饶宗颐说，"我相信一个国家、一个民族全民读书越多，越对世界各种文明有兴趣，越对自己的历史和文化有准确的认识，有理性的自信心，这个国家就会越加富强，这个民族就会更加优秀，这样才是真正的中华文化复兴"①。对中国这样一个历史悠久、文化深厚的大国来说，一旦全民的阅读热情与文化热情洋溢起来，中华传统文化的魅力自然显现出来，国民对自身文化基因的认同就会自然滋生。

事实上，全国人大的《政府工作报告》中，"倡导全民阅读，建设学习型社会"成为其中的重要组成部分，"全民阅读"概念多

---

① 饶宗颐. 求真 求是 求正——寄语中华文化之学［N］. 人民日报, 2017 - 08 - 16.

次在总理的政府工作报告中被提出。中共中央办公厅与国务院办公厅印发的《关于实施中华优秀传统文化传承发展工程的意见》中，明确提出了"加强中华文化典籍整理编纂出版工作""编纂出版系列文化经典"等重点任务。

当代中国人兴起的"国学热"正是全民文化认同感提升的重要表现，换言之，在民族独立、国家发展、个人温饱等问题解决后，国人开始文化寻根，在文化传统中找寻安身立命之本。对于这一积极趋势，需要积极引导，力争取得积极效果。要避免中华优秀传统文化传播与学习中的标签化、商品化、复古化，而是力求学术性、内在性、开放性。推动中华优秀传统文化的创造性转化与创新性发展，同时要把革命文化、西方文化等融合起来，形成凝聚人心、团结力量的文化共识。

对于如何判断传统文化中的精华和糟粕，王蒙提出过三条标准："一看是否有利于人的发展、社会的发展；二看是否有利于社会和谐稳定；三看是否符合人类文明共识。"① 这三条标准对于防止传统文化的误读、误传具有针对性和操作性。

（3）着力点之三：强化国家的文化形象

当代的国家竞争不仅体现在经济之争、科技之争，同样地，愈发体现在价值观之争、文化之争。作为中国这样的大国崛起来说，强化国家文化形象、提升中华文化影响力，则具有更紧迫的意义。

从国际上看，在新一轮全球化进程中，中国已经走进世界，然而世界还没能完全走进中国。其重要原因在于中国国家形象的制约。

----

① 王蒙. 旧邦维新的文化自信［N］. 人民日报，2017－08－15.

国家形象不是可有可无的战术选择，而是关乎国家在全球范围内长远发展的战略利益。一个国家要从大国成为伟大国家，其国家形象是关键性因素之一。

国家形象不是"自以为是"的形象，而是"他以为是"的形象。对国家形象的认知结果是总体性的，但其认知途径是多维度的。研究表明，决定国家形象的最主要认知维度是政府维度、企业维度、文化维度、景观维度、国民维度、舆论维度六个维度。[①] 在这六个维度中，文化维度无疑具有根本性、基础性的意义，从一定程度上说，其他五个维度的深层次体现都是国家的文化价值观。

文化认知是软性的不是硬性的，文化认同是无形的但却是有力的。促进国际合作，建立文化形象重于设立优惠条款；解决国际争端，消除对抗思想重于销毁对抗武器。特别是在"一带一路"建设中，既要有商贸合作也要有人文交流；既要有服装出口也要有图书出口；既要不断出口电视机，也要加大力度出口电视剧；既要持续提升 GDP 和境外投资，也要讲好中国共产党治国理政的故事、中国人民奋斗圆梦的故事、中国坚持和平发展合作共赢的故事。如此双管齐下，才能让世界更好了解中国，有效树立良好的中国国际形象，才能让中华文化深入世界各国，才能让中国成为全球发展的思想引领者。

中国正处于走向世界舞台中央的历史进程之中，全面提升国家实力，要靠硬实力和软实力共同提升。硬实力的核心着力点在创新能力，唯有不断优化自主创新机制、加快创新成果转化，才能破除

---

① 范红，胡钰. 如何认识国家形象［J］. 全球传媒学刊，2015（4）.

世界上个别国家技术垄断带来的科技与经济风险。软实力的核心着力点在文化建设，只有认真发掘、传播中国文化与历史中的宝贵资源，才能推动国家的文化主体性、全民的文化认同感的统一，形成对内富有凝聚力、对外充满吸引力的文化中国形象。事实上，在人类的文明观念转型的时刻，中国有能力、有资源也有责任，为世界文明创造出一种崭新的文明生态，在展现自身丰盈文化的同时，成为其他文明在此共同展现的世界性舞台。

3. 以中华文化助力人类新文明

人类进入"现代"已经有两个多世纪，关于现代性与后现代性的反思愈发深入。其基本共识是：衡量现代化程度要从物质维度与精神维度两个维度上进行。物质丰富是财富问题，总量要多，分配要公，因而既关系到生产力的发展，也关系到生产关系的调整。在全球化的条件下，更要注重发展成果在不同地域之间的共享。精神丰富是文化问题，种类要多，选择自由，因而既要求有宗教、信仰、价值观、文学艺术等的多样性存在，又要求个体能够根据自己的需求自由选择精神的皈依，不因意识形态差异而冲突乃至战争，能够允许并促进不同的文化在世界各地自主发展。

促进人类文化发展思路从二元对立转变为多元共生，让世界各种文化成为人类新文明生态体系中的多元组成，成为构建人类新文明的重要任务，也为中华文化提供了难得的发展机遇。习近平提出，"我们不仅要让世界知道'舌尖上的中国'，还要让世界知道'学术中的中国''理论中的中国''哲学社会科学中的中国'，让世界知道'发展中的中国''开放中的中国''为人类文明做贡献的中国'"①。事实上，在当代人类文明面临更新迭代的历史时刻，中华文化以其宽阔的包容性、丰富的多样性、紧密的黏合性将成为构建人类新文明、实现世界文化可持续发展的强大人文能量。

要培养关注人类问题的全球视角。今天世界面临的许多问题，包括气候问题、污染问题、移民问题、能源问题、恐怖主义问题等，已经不是一个国家关起门来能够解决的，需要各个国家共同面对。对于这些问题，中国应该基于自己的独特哲学和人类的共同立场提出自己的主张，贡献中国的智慧。只有当中国越来越多地在世界舞台上展现自己的思想与贡献，向世界提供越来越多的文化产品时，中华文化才能对人类新文明发挥更多的参与与引领作用。

柳斌杰在谈到"十三五"期间我国出版业的机遇与挑战时认为，中国"现在只是一个出版大国，还不是一个出版强国"。一个突出表现是，美国、英国等国家差不多每年都有引领世界文化潮流的作品流行全球，而我们现在的作品还不能进入具有世界影响力的行列。"在每年世界文化产品排行榜里，中国还处于缺位状态。"究其原因，首先是，"我们确实还缺乏触及人类文明根本的话题，我们讲的东西还不能引起世界的共鸣。这并不是我们出版人的能力不行，而是我们出版的'金矿'品位不高。这个品位是掌握在作家、科学家、理论家、思想家那里的，需要作者去创造、出版家去挖掘，大家共同努力，改变现状，提高质量"②。

要培养讲好中国故事的文化自觉。何谓"讲好"？十九大报告中

---

① 习近平. 习近平谈治国理政 [M]. 北京：外文出版社，2017：340.
② 柳斌杰. "十三五"期间我国出版业的机遇与挑战 [J]. 现代出版，2016（1）.

提出的"讲好中国故事，展现真实、立体、全面的中国"的要求就是标准。换言之，好的中国故事要能够展现好的中国形象。值得注意的是，好的中国形象并不是只能说中国的好事情，而是要进行真实、立体、全面地呈现，既要打破由少数发达国家强势媒体主导的国际传播体系中对中国形象描述的刻板性，也要突破我们自身传统传播手段的单一性。

"在讲故事的艺术上，20世纪80年代以来，我们一味求新，普遍学西方，以致这二三十年把西方这100多年艺术探索的经验都借鉴了一遍，但如何对待中国自身的叙事资源，如何在故事中建构起中国风格、中国语体的文化自觉还不明显。"① 向世界有效传播中国，并非放弃自身文化特色，相反，恰恰是能够以高度文化自觉来结合时代元素的传播，凸显文化精神识别度，传递清晰稳定文化形象，最能打动不同文化的受众，也才能体现中国智慧对人类新文明的贡献。

要培养数字时代传播的创意能力。推动当代文化传播，就要培养文创理念，具有创意视角、科技视角、生活视角。在数字传播与移动传播时代，移动终端成为获取信息的垄断性载体，一切内容成为数字化后进入移动终端才有可能获得最大限度的传播效果，而这种可能性就取决于内容的数字化创意能力。

在当代的文化传播体系中，社交媒体技术、智能媒体技术、虚拟现实技术等新技术的应用愈发成为潮流与主导。美国未来学家乔治·吉尔德认为，谷歌公司的传播哲学表明，互联网公司等高科技

① 谢有顺. 如何完成中国故事的精神［N］. 人民日报，2016 – 02 – 19.

公司在当代越来越成为当代文化传播的载体。该公司的一位负责人认为，"这里的人在我眼中都是传教士，而不是雇佣军"。在谷歌，"免费提供信息、艺术、知识、文化和启蒙"①。这一分析表明了谷歌承载的文化功能，也是当代文化传播的鲜明特征。在技术驱动、网络传播、个性获取的当代传播体系中，对于当代中华文化的传播来说，全面提升创意能力，充分运用技术手段，进入全球传播网络，成为参与人类新文明建设的重要途径。

中国知识分子具有"为天地立心、为生民立命、为往圣继绝学、为万世开太平"的人文追求，中华文化具有整体论认识哲学上的人文精神，这些对于解决当代人类问题、建设人类新文明提供了独特的资源。在新时代，中国和中国文化理应也可以为人类新文明做出不可替代的贡献。

---

① 乔治·吉尔德. 后谷歌时代［M］. 邹笃双，译. 北京：现代出版社，2018：34.

第二章

文创理念与文化创新创造

当代中国的发展面临两个重要的冲突：一个是中国与世界的冲突，当中国从一个贫弱的远东国家逐渐走近世界舞台中央，如何让世界认识真实而美好的中国；另一个是物质与精神的冲突，在温饱实现、技术进步的社会里，如何让大众获得身心安定过上充实而美好的生活。

中国能够走到今天，一代又一代华夏儿女付出了艰苦卓绝的努力。在很长一段时间中，中国民族精神的凝聚，遵循着"悲情主义"与"弱者认同"。晚清以来弱国子民的身份、二战前后遭受帝国主义殖民侵略的历史、新中国成立之后物资极度匮乏的生活、冷战期间对抗与防备的思想等，成为中国在现代民族国家形成过程中的集体记忆。"东亚病夫""落后就要挨打""前事不忘后事之师"，成为中国民族情感共同体凝聚的基础。

无可否认的是，"悲情主义"和"弱者认同"的民族情感，在中国发展的过程中，起到过积极的作用。自我定位为"弱者"，在世界竞争的丛林法则中，尽管屡屡遭遇挫折，但是仍旧捍卫道德底线，在艰难中坚定前行。让人民对前进道路的曲折性有充分的准备，对前进方向的正义性有坚定的守护。道德上的"悲情"为前进的艰难提供了情感宣泄的出口，也将这种苦难进行了超越性的升华。

也正因为带着这样的民族记忆与民族情感，中国在现代化过程中，始终没有在精神上与过去的古老中华相互割裂，而是顺利地继承并处理了中华文化的宝藏，成为世界四大文明古国中唯一一个得以绵延的存在。同时，中国也与世界上广泛的被压迫、欠发达民族与人民存在着强烈的共情，大到中国"一带一路"政策对非洲各国的无私援助，小到网络上一张叙利亚外交官在联合国的孤独侧影引发的网友同情，都体现了中国带着"悲情主义"和"弱者认同"走向繁荣之后，与之伴生的扶弱抑强的侠气，以及反对霸权主义、维护世界和平的决心。中国"能够努力超出那种'仰视'或'俯视'其他社会的意识。中国在积弱时代始终保持尊严和对世界平等的追求，在崛起中也不会走向自身的反面"①。

然而随着中国经济发展与和平崛起，这种"悲情"的作为演绎方式的讲述，正在青年一代中悄悄流逝情感的根基。中国的年轻一代成长于中国改革开放、蓬勃发展的时代，他们虽然在课本上接受的是从苦难到辉煌的历史教育，但是亲身感受到的是逐渐富足开放的祖国，是节日万邦来朝的豪迈，很难对未曾亲身体会的悲情产生认同与共鸣。当原有的民族情感、文化形象无法获得新一代的认同，他们身上就形成了脆弱的文化根基与表面的西方认知并存。国家的文化主体性、社会的文化认同感、个体的身份认同感三者之间，不

① 张颐武. 铭记苦难过往绝非渲染历史悲情［N］. 环球时报，2016－12－14.

能再构成有机组合的文化体系，如何处理民族历史、社会现状与国家未来，也成为被搁置的问题。

因此，中国面临的一个重大挑战是：当中国从一个贫弱的远东国家逐渐走近世界舞台中央，如何让世界了解我们从苦难到辉煌的奋斗历程，了解我们愿意与世界人民携手共进的和平追求，如何让世界认识真实而美好的中国。

另一个冲突是在技术飞速发展的时代中，面临物质与精神的矛盾，人们不再愿意费神费心地去进行思考，而是将自己沉浸在算法织就的信息茧房之中，只去了解自己偏好的新闻，只与和自己有相同倾向的人群交流，最关键的是，技术还常常营造出一种幻觉，让人以为这些表面渠道多元但实质内容单一的虚拟信息空间，就是现实世界。科技的片面应用，带来的是思想上的怠惰和行动上的偏激，物质和精神的矛盾冲突，不会因此得到解决，反而会让人更加堕入虚无。

这两个冲突都对当代中国的文化发展提出了紧迫的要求，换言之，文化发展不再是一个补充性、附带性的战术问题，而是一个全局性、关键性的战略问题。与此同时，对文化发展的思维也提出了全新的要求，换言之，文化发展不能仅仅是传统性、重复性的思路，而是需要时代性、创新性的思路。

（一）文创理念的内涵与形成

文创理念凸显了对文化创造力与文化多样性的追求，是在当代文化产业与文化事业快速发展的实践中逐渐形成的，也是与当代日趋青年化的时代文化特征相适应的。

1. 文创理念的内涵

中国的文化发展主要由两部分组成：一部分是非商业性的文化事业发展，另一部分是商业性的文化产业发展。在这两部分中，前者由政府主导，在新中国成立70年来处于稳步发展状态，而后者由市场主导，在改革开放40年来逐渐兴起并快速发展。值得注意的是，近年来，包括企业、非商业性社会组织、个人等各种社会力量进入文化领域，推动了大量公益性或半公益性的文化发展。

文化发展的多主体参与带来文化发展的多样性视角。政府视角、企业视角、社会视角在看待文化发展上各自拥有不同的理解。与此同时，在全球化深度推进的条件下，各种异文化视角、文化工业视角、创意产业视角、版权产业视角、内容产业视角的引入，更是让当代中国的文化发展突破了单一视角、单一形态，呈现出愈发多彩的形态。

整体来看，对当代中国文化发展发挥影响的有四种重要力量：一是政府力量，文化自信成为新时代中国特色社会主义思想的重要内容，公共文化服务水平不断提高，国家文化安全、文化软实力受到政府高度重视；二是市场力量，文创产业成为资本关注的热点领域之一，通过文化获取商业利润、打造新商业模式成为新的经济增长点；三是技术力量，新媒介、新技术等改变了文化产品的呈现形式，也改变了人们获取文化内容的接触方式；四是国际力量，国际经验、国际元素、国际市场日益成为国内文化发展看重的因素，全球视野下的文化发展意识日益增强。

在这种新的环境中，围绕文化发展的理念也在逐渐发生改变，向着更加开放性、创新性的方向转变。2016 年，有学者首次提出"文创理念"的概念，认为"其核心特征是创新与跨界，以一个更广阔、更多维的视角推动文化发展，实现以文化人的时代任务"①。2017 年年初，中共中央办公厅、国务院办公厅印发了《关于实施中华优秀传统文化传承发展工程的意见》，这是第一次以中央文件形式专题阐述中华优秀传统文化传承发展工作，文件中提出"坚持创造性转化和创新性发展"和"坚持交流互鉴、开放包容"的核心原则。② 在同年召开的十九大报告中，提出"激发全民族文化创新创造活力，建设社会主义文化强国"③。

文创理念是在当代文化发展实践中逐渐形成的新观念，也是新时代的新发展理念在文化发展中的具体体现，其根基在"文"，即文化；其关键在"创"，即创意；其目标在"新"，即基于文化传承与文化融合的文化创新创造。

文创理念作为当代文化创新发展的指导理念，以积极的姿态吸纳、鼓励多主体参与文化发展，推动政府力量、市场力量、技术力量、国际力量在文化发展中形成合力，探索当代中国文化发展的新内容、新机制、新业态，在实践创造中进行文化创造，在历史进步中实现文化进步。

---

① 胡钰. 文创理念与文创产业［N］. 中国文化报，2016 – 10 – 26.
② 中共中央办公厅、国务院办公厅印发《关于实施中华优秀传统文化传承发展工程的意见》［N］. 人民日报，2017 – 01 – 26.
③ 习近平. 决胜全面建成小康社会 夺取新时代中国特色社会主义伟大胜利［M］. 北京：人民出版社，2017：41.

2. 后喻文化是文创理念形成的时代文化特征

文化发展是为了文化传递，让文化在一代代族群中传递，成为身份认同、安身立命的根本依据。但当代文化传递的代际沟通出现了崭新的现象，即全球化、技术化、信息化的社会趋势已经使得年轻一代可以轻易知晓老一代的世界，而老一代却并不完全知晓年轻一代正在经历的和可能经历的一切。美国人类学家玛格丽特·米德认为，"代际的这次决裂是全新的、跨时代的：它是全球性的、普遍性的"。过去，老一代可以毫无愧色地训斥年轻一代，"在这个世界上我曾年轻过，而你却未老过"。但是，现在的年轻一代可以理直气壮地说，"在今天的这个世界上，我是年轻的，而你却从未年轻过，并且永远不可能再年轻"①。

玛格丽特·米德对人类代际之间交流的前喻（pre - figurative）、并喻（co - figurative）、后喻（post - figurative）三种文化类型进行了极富洞察力的描述："前喻文化，是指晚辈主要向长辈学习；并喻文化，是指晚辈和长辈的学习都发生在同辈之间；而后喻文化，则是指长辈反过来向晚辈学习。"前喻文化的存在源于社会的静止，因而长辈是晚辈的权威与示范，而随着技术进步、移民社会等出现，"世界上所有的人都置身于电子化的互相沟通的网络之中，任何一个地方的年轻人都能够共同分享长辈以往所没有的、今后也不会有的经验"。她并且明确提出，"我们今天则进入了历史上的一个全新时代，年轻一代在对神奇的未来的后喻型理解中获得了新的权威"。"今天

①　玛格丽特·米德. 文化与承诺［M］. 周晓虹，周怡，译. 石家庄：河北人民出版社，1987：74 - 75.

的年轻一代生长在一个他们的长辈完全未知的世界中，但成年人中却很少有人意识到这一现象是历史的必然。即使那些预感到后喻文化即将来临的人，对后喻文化的具体内容亦同样一无所知。"①

时过近半个世纪，当电子芯片以 18 个月为周期不断更新换代，当人类社会进入基于移动互联网的社交媒体时代，当微博、微信、脸书、推特等成为年轻人获取新闻的主要入口时，我们重新阅读以上这些文字和思想，必须承认作者的洞见：一个后喻文化的时代已经形成。

玛格丽特·米德喜欢以"移民"为例证来论述自己的观点，移民者都要把孩子送到当地的学校学习，结果他们必须向自己的孩子学习所移入社会的文化。同样，在今天的移动社交媒体时代，年轻人也说自己是网络空间的"原住民"，而自己的祖辈父辈则是网络空间的"移民"，后者必须向前者学习才能获得网络空间的活动能力。更重要的是，网络空间对现实空间的反向渗透力愈发强大，而年轻人在网络空间获得的优势地位也逐渐向现实空间蔓延。

在这个后喻文化凸显的时代里，大众传媒、社交媒体已经成为全新的教育传播手段，全球化生产、数字化生存、城市化生活已经成为全新的青年存在状态，仅仅让年轻一代重复老一代的文化内容与形式，显然已经无法大规模、持久性地打动年轻的心。换言之，在代际的文化传递中，仅仅展示单一文化而没有多样文化的比较、仅仅固守传统形式而没有现代创意与技术的介入，其效果都是有

---

① 玛格丽特·米德. 文化与承诺 [M]. 周晓虹，周怡译. 石家庄：河北人民出版社，1987：75，27.

限的。

对于当前的文化产业现状来说，虽然文创产品的创意者、设计者主要是年轻一代，目标受众也是年轻一代，但是从设计蓝图到成品落地这一系列过程中，掌握资本、资源、经验、渠道关键环节的，还是老一代管理者。如果老一代不愿放弃自己的权威地位，以丰富的经验和资源作为砝码，让文创产业的运营按照自己以往的趣味进行，那么就很可能无法与市场对接，遭遇老将的"滑铁卢"。如果年轻人依仗自己的敏锐嗅觉和灵动创意，不愿与老一代沟通，甚至建立起文化壁垒来嘲笑和隔绝互联网的"移民"们，那么最终也会在具体实践中因缺乏经验与资源而遭遇挫折。

因此，理解后喻文化这一时代文化特征，不单是需要老一代放下身段和偏见，以开明、包容和谦虚的心态来吸收新鲜的社会文化，同时也需要年轻人用更多的耐心、善意和尊重，去与老一代沟通、去向老一代学习。在这种后喻文化中，需要年轻人和老一代双向努力的事情，祖辈、父辈抑或社会的权威者要与年轻人在社交媒体中有效交流，重要的是与年轻人共同学习，形成面向未来的共同目标。"只有在两代人之间重新建立起理解和信任，年轻人才会同意和长辈去共同寻找答案。"①

文创理念关注文化创新创造，是与进入后喻文化时代的当代文化特征相适应的。这一理念强调的正是适应年轻一代文化接收与接受行为的新规律，推动传统文化与年轻一代文化需求的代际对话，

---

① 汤姆·斯丹迪奇. 从莎草纸到互联网——社交媒体2000 年［M］. 林华，译. 北京：中信出版社，2015（366）.

最大限度地吸收年轻一代的热情和创意加入当代中国文化的创新创造中，让传统文化积极与新媒介、新技术融合，让中国文化在广博吸收不同文化的过程中成为具有时代特征、世界意义的当代人类文化中的引领性内容，让中国年轻一代成为中国文化的坚定传承者与有力创造者。

3. 文化产业与创意产业是文创理念形成的产业实践

文创理念诞生的土壤与指导的园地是其产业实践，也即文创产业，文创产业是文化产业、创意产业出现后相互融合形成的新业态，已经逐渐成为全球范围内文化发展的时代新景观。文创产业实践的蓬勃发展催生了文创理念的兴起，这种理念为观察当代文化发展提供了全新的视角与强大的生命力。

文创产业的兴起不是偶然的，是文化产业实践演进的结果。观察人类的文化产品创造有两个维度：一是生产者的维度，一是使用者的维度。早期阶段，不论是中世纪欧洲还是封建时代中国，文化产品都是"小众生产、小众消费"的格局，此时的文化生产是以个体性的资助、定制行为为主。进入工业化时代，大规模生产成为可能，文化产品形成"小众生产、大众消费"的格局，此时的文化生产是以文化商品化、规模化生产行为为主。进入后工业化时代、信息化时代，文化产品出现"大众生产、大众消费"的格局，此时的文化生产愈发强调以文化创意化、创意文化化行为为主。

从文化产业与创意产业发展领先的英国来看，20 世纪 80 年代使用的还是"文化产业"概念，大伦敦市议会提出"文化产业是所有与文化有关的商业活动的通称"，而到了 20 世纪 90 年代末，英国即宣布成立"创意产业特别工作组"，提出"创意产业"是"源自个人创意、技巧及才华，通过知识产权的开发和运用，具有创造财富和就业机会的产业"。从"文化产业"到"创意产业"的演变，是一个实践的、市场的、自发的演变过程，表明了消费者需求和产业形态的演变，表明了文化产业发展从以文化复制为主转变为以个体创意为主。

20世纪30年代，德国法兰克福学派学者瓦尔特·本雅明在其著作《机械复制时代的艺术品》中就注意到了以摄影术、电影技术为代表的技术大规模复制艺术品而产生的文化产业现象，尽管他对这种现象是肯定的，但也提出了艺术品"灵晕"凋谢的问题。

"灵晕"凋谢的问题在个性化创作突出的"创意产业"的发展中得到了有效解决，有个性自然就有了"灵晕"。但凡事过犹不及，当一味突出个体创意而脱离社会文化时，其产品又显得很单薄而无法引起共鸣。事实上，文化是土壤，创意是种子，文化与创意有机结合才能诞生好的文化产品。"以创意和文化理念为基础的发展战略于20世纪90年代末和21世纪初在全球繁荣起来。"① 随着创意在现代的新经济中发挥的作用越来越大，"创意"则成为一个热词、好词，成为学术界、产业界、政策界里具有普遍搭配功能的流行词，如创意产业（creative industries）、创意城市（creative cities）、创意集群（creative clusters）、创意劳动（creative labour）等都成为新术语。用英国著名的文化研究学者雷蒙德·威廉斯的话来说，"没有一

---

① 大卫·赫斯蒙德夫. 文化产业［M］. 张菲娜，译. 北京：中国人民大学出版社，2016：131.

个词能像创意这个词一样，自始至终都受到正面的评价"①。由此，出现了"文化创意产业"的产业形态，这一产业形态强调文化创意化、创意文化化，成为当代文化发展的新趋势。

对文化产业发展来说，更重要的是形成了当代的"文化创意产业（CCI）"的概念和产业形态。2015 年 12 月，联合国教科文组织推出了首个全球文化创意产业发展报告——《文化时代：第一张文化创意产业全球地图》（*Cultural Times：the First Global Map of Cultural and Creative Industries*），报告指出，文创产业是全球经济的支柱产业，对世界经济和社会就业做出了巨大贡献，无论在发达国家还是新兴市场经济体，都正在成为国家和地区经济的战略性产业。报告显示，文创产业为世界各国创造的就业岗位占世界就业总人口的1%，高于欧洲、日本和美国汽车制造业就业人口的总和。时任联合国教科文组织总干事伊琳娜·博科娃更是强调，文化创意产业部门已经成为发达国家与发展中国家经济增长的重要引擎，对收入、就业与出口产生影响，有助于为全球创造美好的未来。报告中数据显示，亚太、欧洲和北美成为全球文创产业的前三大市场，亚太占据全球文创市场收入的 33%、就业的 43%，报告中特别提到了一些文创领域的领军企业，其中就包括中国的腾讯、CCTV。②

中国的文化创意产业持续快速发展。国家统计局的数据显示，

① 大卫·赫斯蒙德夫. 文化产业［M］. 张菲娜，译. 北京：中国人民大学出版社，2016：130.

② *Cultural times：the first global map of cultural and creative industries*［DB/OL］.（2015 - 12 - 03）［2019 - 04 - 16］. https：//en. unesco. org/creativity/sites/creativity/files/cultural_ times. _ the_ first_ global_ map_ of_ cultural_ and_ creative_ industries. pdf.

2012—2017 年我国文化产业年均增长 13% 以上，文化产业增加值占 GDP 已经达到 4.2%。① 引人瞩目的是，北京、上海、深圳等城市的文化创意产业高速发展，产业增加值占地区 GDP 超过 10%，且增速远高于 GDP 增速，成为城市经济的重要支柱产业，助推经济高质量发展和城市转型，而地方政府围绕文化创意产业新兴业态制定的发展规划与政策体系也具有很强的引导性。

在文创产业实践的蓬勃发展中，围绕如何有效推动文创产业发展的观念逐渐清晰。文创产业不是标准化、规模化的工业生产，需要个性化、多样性的创意引领；不是单纯的文化传播，需要金融工具、市场机制支撑；不是狭义的文化内容，需要与互联网、大数据、人工智能等新技术手段融合。这些理念的形成都逐渐体现在各地出台的支持文创产业发展的政策内容中，从近些年的各地文创政策来看，愈发体现了对文创产业发展规律的认识深入。根据北京市 2018 年出台的《关于推进文化创意产业创新发展的意见》，明确"两个聚焦"：聚焦高端、高新和高附加值，推动文化创意产业结构升级、业态创新、链条优化；聚焦文化创意产业体系构建中的九个新兴业态，即创意设计、媒体融合、广播影视、出版发行、动漫游戏、演艺娱乐、文博非遗、艺术品交易和文创智库。②

文化产业与创意产业构成的产业实践飞速发展，为推动当代文化发展提供了全新的文创理念，文创理念的诞生，又为文创产业的

---

① 张贺. 文化建设，持续释放创新创造活力［N］. 人民日报，2019－01－04.

② 人民网. 关于推进文化创意产业创新发展的意见［DB/OL］.（2017－07－05）［2019－04－16］. http：//bj. people. com. cn/n2/2018/0705/c82840－31779277. html.

升级发展提供了理论指导与技术支持。文创理念是从创新视角、科技视角、生活视角观察文化发展的理念，其核心特征是创新与跨界，以一个更广阔、更多维的视角推动文化发展，实现以文化人的时代任务。

（二）文创理念的文化主体意识

文创理念的根基在文化，这种文化是由文化基因决定的，是基于民族历史传统形成的文化共识，尽管"日用而不知"，但却深刻决定文化选择与文化意识，也成为文化创新创造的深层营养与根本动力。

1. 文创理念与文化自信

提出文创理念的目的是推动当代中国文化发展，进而为世界文化发展和人类新文明建设做出中国的贡献。这一理念具有鲜明的文化主体意识，文化创新创造的根基是民族文化、传统文化，其内在逻辑是文化自觉基础上的文化自信，并通过自主性的文化创新创造实现文化自强。

进入新时代的中国已经日益走近世界舞台中央，但是值得注意的是，这种走近不仅需要经济的走近、政治的走近，更需要文化的走近。在赴外学术参访、与海外高校进行交流座谈时，我们不难发现一些国家的大学里有韩国文化俱乐部、日本文化俱乐部，但没有中国文化俱乐部。而在另外一些国家，我们也会发现尽管中国企业在当地承建了许多项目，但不少中国企业的形象却并不清晰。这种美誉度与贡献度不匹配、软实力与硬实力不匹配的问题，会带来不少误解乃至争端，也对提升中华文化影响力提出了更紧迫的要求。

当前制约中华文化影响力提升的一个突出问题是，不少国人对自己的文化和西方的文化都是"似是而非"，但对自己的文化是更多"矮化"，而对西方的文化却是更多"美化"。因此，以清晰的文化自觉来增强文化自信，在经贸合作、国际交往、公共外交中更多地开展中华文化交流与传播，已经成为解决国际争端的当务之急。

楼宇烈先生认为，"所谓自觉的文化主体意识，就是对传统的认同、尊重，对自己的传统文化有自信，我们才有可能平等地跟其他的文化比较、交流，才能比较清楚地看到自己文化的不足和其他文化的长处，反之亦然"①。这种文化主体意识对于当代全球化条件下的文化交流与发展至关重要，换言之，这是一种身份的主体意识、能力的主体意识、方向的主体意识，有了这种意识，才能进行文化建设上的主动选择。

文创理念作为当代中国文化发展的新观念，强调不忘本来、吸收外来、面向未来。事实上，中国的深厚文化底蕴要在新形势下进行大力度的转化与发展，才能释放出其对内的凝聚力和对外的吸引力，才能让国人更加具有文化自信。培养并运用文创理念，中国优秀传统文化和当代中国文化发展都将展现出全新的面貌。

2. 文创理念与新轴心时代

近代科技革命和工业革命以来，西方文明以武力、科技、宗教为依托一统天下，"文明"一词具有很强的欧洲中心主义色彩，而在"二战"以后，西方殖民体系解体，各民族独立身份逐步确立，汤一

---

① 楼宇烈. 中国文化的根本精神［M］. 北京：中华书局，2017：167.

介先生认为，"自己民族的独立文化正是其确认自己独立身份的最重要的因素。因此，我们可以说21世纪将形成一个文化上的新的轴心时代"①。

"新轴心时代"是一个战略性的判断。这一时代是否能够出现，取决于各种文化能否找到自己的本源、实现自主的发展。单一文化的强大不可能形成一个"新轴心时代"，只有像公元前500年那样，欧美文化、东亚文化、南亚文化、伊斯兰文化等共同而自主发展，再加上当代的拉美文化、非洲文化也同样自主发展，才能形成人类文化异彩纷呈的新局面，才能出现一个新轴心时代，建设起体现文化多样性、平等性、开放性的人类新文明。

汤一介认为，在新轴心时代，"各种文化将由其吸收他种文化的某些因素和更新自身文化的能力决定其对人类文化贡献的大小"②。从这点来看，中国文化无疑具有极强的优势。中华文化的内敛性、包容性强，历史上鲜有对外族布道传教的意识，但吸收外族文化的能力很强，所谓"杂取种种、自成一家"。对当代中国文化发展来说，在坚持包容性基础上广泛吸收各种异文化的内容是必须的，与此同时，还要强调坚持自主性基础上的创新创造。事实上，在当代中国文化发展中，文化是土壤，创意是种子，本土文化是土壤，外来文化是种子，只有充分吸收本土文化、传统文化的营养，多样性的创意种子才能扎根、开花。

---

① 汤一介. 瞩望新轴心时代——在新世纪的哲学思考［M］. 北京：中央编译出版社，2014：29.
② 汤一介. 瞩望新轴心时代——在新世纪的哲学思考［M］. 北京：中央编译出版社，2014：29-30.

　　与此同时，"新轴心时代"更加需要从东方文化、中国文化中汲取营养。事实上，20世纪20年代，英国哲学家罗素在中国访问后就明确提出："中国人不要去专事模拟西方的方法，始可为自己的国家或世界图谋幸福。"从近一百年尤其是当代世界的发展看，评价人类文化价值的尺度不能仅是"真的尺度"，还有"善的尺度"和"美的尺度"，后两者都对中华文化提出了更高期待。

　　从建设文化上的"新轴心时代"的角度看，中国文化面临难得的发展机遇以及巨大的挑战，既要融入文化多样性的时代，又要保持文化独特性的发展，以全新观念加快文化创新创造，目标是形成新的中国文化，同时，也是形成新的世界文化。中华文化是世界可持续发展的强大人文能量。对中华文化建设来说，要坚持主体性与开放性并重、传统性与时代性并重、科学性与人文性并重的原则。尤为重要的是，改变追赶者的被动文化心态，既要打破自身束缚接受先进者，又要从自己的文化和历史传统中找寻营养，认识到传统是原创的土壤，以民族的眼光才能真正看到世界的美景。

（三）文创理念的观察视角

　　以文创理念观察当代文化发展，可以发现，文创发展的实质是把大众的无形需求有形化、个性需求共性化，为此，就要敏锐地把握当代文化的特征，以多视角来推动发展。从当代中国文化看，经过40年的改革开放，表现出很强的现代性与后现代性并存的特点。法国批评家波德莱尔把现代性描绘为现代城市生活的碎片化体验，人们追求"当下的新"与"稍纵即逝的时刻"。① 后现代哲学家利奥塔则把后现代简单定义为"对元叙事的不信任"。② 在这样的社会形态下，推动当代文化发展，可以从创意视角、科技视角、生活视角来观察，如此，当代中国文化发展会更加活跃与多样，更加贴近时代与青年，更重要的是，在全球范围内更加具有吸引力。

1. 创意视角

创意视角是一种个性化视角。没有创意的文化是重复的，没有文化的创意是单薄的。当代社会的文化生态是"超市型"的存在，即多样性的文化产品与自主性的个体选择并存，而在后喻文化时代，引领"文化超市"消费方向的是年轻一代，因而标准化、重复性的文化产品缺乏魅力，而个性化、差异性的文创产品才能吸引关注。传统的文化发展是一种精英主义的视角、前喻文化的视角，由少数人创作、多数人接受，但是，"在许多作家看来，后现代意味着转向民主和开放的文化的真正倾向，并最终结束精英主义和封闭的现代性"③。当今时代，人们对文化产品需求的个性化、小众化特点越来越突出，这使得通过算法识别进行信息精准推送成为潮流，也使得基于个体创意、面向小众的文化产品形式愈发具有吸引力和感染力。一些宏大的文化主题可以尝试通过人格化、趣味化的传播来吸引受众特别是青年受众。文化与创意结合，能够有效保持文化发展的持

① 阿兰·斯威伍德. 文化理论与现代性问题 [M]. 黄世权，桂琳，译. 北京：中国人民大学出版社，2013：146.
② 阿兰·斯威伍德. 文化理论与现代性问题 [M]. 黄世权，桂琳，译. 北京：中国人民大学出版社，2013：161.
③ 阿兰·斯威伍德. 文化理论与现代性问题 [M]. 黄世权，桂琳，译. 北京：中国人民大学出版社，2013：164.

续创新创造，让文化更有生命力。

当代中国的经济结构正在从劳动密集型的、低附加值的、大批量生产的传统产业结构转向智力密集型的、高附加值的、定制性生产的现代产业结构，由此带来公众素质结构与文化需求结构的转变，被动地、规模化地接受单一文化内容被排斥，主动地、个体地选择多元文化产品成为普遍。与此同时，越来越多的大众不仅是文化的消费者，也成为文化的生产者，比如，中国网络文学的兴盛就是鲜活的体现，数以千万计的网络写手已经成为重要网络文学蓬勃发展的不竭推动力量。①

从文创理念看当代中国文化发展，就要不拘于传统文化形式与内容，推动传统文化的创造性转化和创新性发展。习近平指出："传承中华文化，绝不是简单复古，也不是盲目排外，而是古为今用、洋为中用、辩证取舍、推陈出新，摒弃消极因素，继承积极思想，'以古人之规矩，开自己之生面'，实现中华文化的创造性转化和创新性发展。"② 这一对于传统文化的"双创"理念，就要求在当代中国文化建构中对传统文化从形式到内容上都进行创新，推动优秀传

---

① 根据中国互联网络信息中心 2018 年 8 月第 42 次《中国互联网络发展状况统计报告》，中国网络文学用户超过 4 亿。根据 2018 年 9 月第二届中国"网络文学＋"大会开幕式上的报告所公布的数据，国内 45 家重点网络文学网站的驻站创作者已达1400 万人，其中，签约作者人数达 68 万人，47% 为全职写作者，约 32 万人。考虑到重复注册等原因，估计网络作者超过 1000 万。更重要的是，英文翻译和原创网文作品等也吸引了大量海外用户。有人认为，中国网络文学与好莱坞电影、韩国电视剧、日本动漫并称为当代世界的"四大文化现象"。

② 新华网. 习近平：在文艺工作座谈会上的讲话. [EB/OL]. (2015－10－14)［2019－04－16］. http：//www. xinhuanet. com//politics/19cpcnc/2017－10/27/c_ 1121867529. htm.

统文化通俗化、大众化、时代化。换言之，坚守传统不等于复制传统，传播传统需要转化与发展。

中国文化的传播，特别是非物质文化遗产的当代传播，让"传统"成为"时尚"，让"中国"成为"世界"，真正流行起来，需要很强的创意能力。21世纪初开始流行的"女子十二乐坊"，以二胡、琵琶、扬琴、古筝、笛子等中国民乐乐器作为演奏乐器而走红东南亚乃至世界，其创意组合与设计成为重要因素。同样，青年摄影师陈漫，聚焦在当代中国背景、当代中国人物以及五行、四大天王等中国传统文化题材，成就许多流行时尚摄影作品，屡获国际大奖，其个人创意无疑具有关键作用。

青年摄影师孙郡是又一位创意摄影人，将中国传统工笔画与摄影相结合，创造出了独特的"新文人画摄影"风格。孙郡七岁开始学国画，痴迷古典文学的邻居姐姐晨昏吟诵古典诗词，让孙郡也因此耳濡目染。开始从事摄影后，如何将摄影这门瞬间的艺术，延伸出更长的赏味期限和更丰富的画面内涵，成为萦绕孙郡心头的问题，最终孙郡找到了开启大门的钥匙——中国文人画。中国古代士大夫所做的文人画，通常取材于山水、花鸟、人物，讲求笔墨情趣，脱略形似，强调神韵，色彩则偏好淡雅，"墨分五色"，追求"匠心独运，可回味无穷"。孙郡将国画与摄影这两种视觉艺术相互结合，在摄影之后，将影像转换为黑白色，相当于一幅白描底稿，然后对其进行手工上色，像工笔画一样一层层地去渲染。平均每幅作品上色完成需要近20天的时间。将摄影作品融入绘画的表现手法，注重画面和故事的结合，同时也传承了古代文人画隽永、静谧、舒展的精神，形成了"新文人画摄影"的独特风格。

这一风格走向大众，是明星夫妇邓超孙俪的一组结婚纪念照。在孙郡的镜头之下，这些光鲜亮丽的明星返璞归真，古典得如同绢上的美人，素雅宁静，有着浓郁的中国风，令人一眼难忘。这一风格不但成为孙郡的标志性风格，也成了当代中国摄影艺术的独创风格。孙郡一方面继续着摄影艺术创作，将陆羽的《茶经》用一幅幅作品表现出来，让尘封的古籍重新与当代人见面，另一方面也展开了摄影的商业创作，为中国明星拍摄中国风大片。以往，外国摄影师掌镜的作品中，中国人的东方美总是不容易被表现，但是孙郡的镜头下，极淡的底色来衬托出人物的高贵与典雅，画面中戏曲式的肢体语言，把女性的袅娜表现得淋漓尽致，中式服装、道具与布景，则将男性的从容书卷气质展现出来，人物娴静清丽而又温润大方，独特的东方气息扑面而来。即便是不知道模特和摄影师的身份，也能感受到这是来自中国创作者的作品。"无论是用相机按出来的，还是画出来的，都应该有创作者注入其中的人文精神，要有从本能出发的情怀。中国人，还是要做中国人自己情绪里的东西，然后，尽可能，做到完美。"①

所谓"中国文化""中国风格"都是非物质、难把握的抽象事物，要想将它们传播、传承，就需要借助创新和创意，就需要通过文创理念指导下的文创产业实践，将它们有机地物质化。这种转化的过程，也加入了当代文化对传统文化的认知，本身就是古今文化

---

① 物道. 摄影诗人孙郡：他一按下快门，所有人都梦回古朝［EB/OL］.（2018－10－30）［2019－04－16］. https：//baijiahao. baidu. com/s？id＝1615729163139502661&wfr＝spider&for＝pc.

互动的新作。正如博科娃所说，"非物质文化遗产是我们通过创新与创意实现包容性可持续发展的重要一环，也是去直接体验其他'活态遗产'的机会，从而感知人类无限的多样性、生命力和创造力"①。

以文创理念的创意视角来看，发展文博事业的一个重要任务就是"让文物说话"，让千百年的历史藏品转化成为当代人喜爱的文创品。北京故宫博物院在开发文创产品方面成效显著，从早期仅仅是文物复制品的书画系列、瓷器系列等产品，逐渐发展到许多具有故宫特色与实用创意的产品，在提炼故宫的色彩、建筑、器物等文化元素的基础上，开发出"故宫猫"等文创产品数千种，近些年年均营业额十多亿元。这种从"文化复制品"到"文化创意品"的转变，就体现了鲜活的文创理念，体现了文创产品的历史性、知识性与实用性、趣味性的有效结合。

2. 科技视角

科技视角是一种现代化视角。科技视角强调运用好新媒介、新技术手段进行文化创新创造。从文创理念看当代中国文化发展，就要不拘于文化的"文"，推动文化与科技的深度融合。对文化的传统理解聚焦在人文色彩浓郁的文学艺术作品上，一谈到文化发展就是发展琴棋书画、戏曲文学，这些内容的确很重要，是中国文化的根与魂，但从数字化生存、新科技革命的时代视角看，仅有这些内容又是远远不够的。

---

① 博科娃. 文化与文化遗产——可持续发展的桥梁［R］. 北京：清华大学专题演讲. 2018 - 02 - 27.

中国新闻出版研究院公布的《第十二次全国国民阅读调查报告》显示，中国国民图书阅读率为58%，数字化阅读接触率为58.1%。尽管后者比前者仅仅多了0.1%，却有特殊意义：数字媒介阅读首次超过印刷媒介阅读。美国学者波兹曼在《娱乐至死》一书中曾提出，"某个文化中交流的媒介对于这个文化精神重心和物质重心的形成有着决定性的影响"。当代媒介的变迁对文化与科技融合提出了强烈的需求，人们对数字出版、网络音乐、动漫游戏等文创产品的需求越来越高。

从印刷、广播、电视、电影等媒介发展进程看，每一种新媒介的出现都会引发更多文化创新创造。进入互联网时代，特别是描述当代社会行为的普遍特征时，互联网与手机使用无疑成为最具典型性的存在，从一定意义上说，互联网已经与空气一样重要，成为各种公共场所的标配，而手机已经成为"人体的器官"，侵入人们所有的私人空间，从接触程度上看也成为每个人"最好的朋友"。网络文学、网络影视、网络综艺等成为流行的文化形式，网络技术、数字技术、虚拟现实技术、人工智能技术等正在成为文化创新创造的重要引擎。实践表明，没有技术的文化是边缘的，没有文化的技术是乏味的。文化与科技结合，能够为文化发展注入强劲动力。媒介化社会、数字化内容对于当代文化发展来说，已经是基本的时代背景，换言之，没有进入现代媒介、进行数字化呈现的文化内容，严重缺乏时代气息与传播能力。

早在1948年，梁思成先生曾在清华大学做过一个讲演，题目是《半个人的时代》，谈的就是文、理分家导致人的片面成长问题。当代文化要融入当代社会，必须融入已经高度科技化的当代社会。从文创产业中最具显示度的电影来看，随着后期制作技术、数字特效技术、智能影棚等的普及，对先进影像技术的使用要求越来越高。媒介技术的改变带来文创产业形态的改变，在互联网普及的条件下，传统电视网已经越来越式微，而各类网络音乐、网络剧、网络电影等大规模兴起。同样，在各类主题公园、实景演出、舞台表演秀中，虚拟现实、人工智能、全息成像、人机交互等先进的娱乐设备和技术的使用更是迅速而自觉。

在当代文创产业的国际竞争中，推动文化产品的科技化已经成为趋势。美国作为全球最大的文创产品出口国，其文创产品的科技含量非常高，不论是其科技色彩鲜明的科幻电影还是充满科技手段的迪士尼主题公园，都成为文化与科技融合的典范。同样，中国的一大批文化科技企业也在崛起。比如，深圳华强文化科技集团坚持发展"文化科技产业"的目标，开发出特种电影、数字动漫、主题公园等文创产品，环幕立体电影系统及影片进入包括美国、加拿大在内的40多个国家。

作为具有全球声望的迪士尼公司，其主题乐园充满了童话氛围，吸引了无数游客慕名前往。但浪漫与梦幻的背后，是科学设计与技术创新的支撑。只要接触过参与迪士尼乐园建设的团队，几乎都会对其"BIM技术"竖起大拇指。BIM是"Building Information Modeling"的英文缩写，指建筑信息模型技术。在上海迪士尼建设中，BIM这种所见即所得的立体模型技术，取代以往建筑施工领域常见的CAD（计算机辅助设计）平面绘图设计技术。BIM最大的好处就是通过三维建模，让各类设计师、工程师和施工方等在同一平台上交流，集思广益、协同攻关。

BIM 功能十分强大，几乎所有"疑难杂症"都要用上它。全球最高的上海迪士尼城堡共有美国方面的 126 个部门参与天马行空的创意设计，历时两年半建模，然后由同济大学建筑设计研究院进行一年的本地化设计，各方所有信息通过 BIM 形成一个 3D 模型，不仅展示整个城堡建成后的模样，而且可以细化到一面墙、一扇窗甚至一根隐蔽的管线。例如，为了营造视觉感官效果，在做投影仪管线协调时，必须考虑整个投影面的大小，管线必须避开投射范围，但这个范围，人靠想象是无法解决的，而采用 BIM 系统后，完成此任务就是电脑上由后台程序自动计算得出结果。

借助 BIM 技术，迪士尼工程人员不用拿纸质图纸，带上 iPad 就可以进行现场管理，三维视图让施工中呈现的问题一目了然，工程的每一个细节都可以在 BIM 系统上得到检验和调整，有效避免了返工造成的浪费。迪士尼园方表示，BIM 系统为迪士尼避免了约 3000 个问题，最大限度降低了沟通成本，将复杂的工程环节可视化，工人只需要按照既定的流程施工即可。

BIM 技术应用是施工领域的一场革命，上海迪士尼乐园项目的建设，让这一技术的应用也传入了我国，改变了我国传统作业方式。迪士尼乐园五年的建设期，让国内同业零距离"触摸"与学习了迪士尼建设管理方面的做法，为我国主题公园与旅游景区的建设与发展提供了宝贵经验，也开启了重大工程实现设计、施工阶段的 BIM 技术应用。

　　文创产业的发展，不能只依靠文化资源的挖掘，更要重视科技手段的进步。只有将科技和文化相融合，才能将文化资源的转化效率进一步提升，才能够为文创产业的一次又一次跨越式进步提供坚实的基础。

　　这些先进科技手段在文创产业中的运用，得益于最重要的推手——资本。究其原因，资本为了打造具有盈利可能的文创项目，具有强烈的引进先进科技手段进入文创产业的冲动，而这种科技与资本的结合也成为好莱坞、迪士尼等发达文化工业产品体系得以全球扩张的重要力量。与此同时，值得注意的是，科技手段的引入不仅带来文创产品物质形态、表现手段的变化，也形成了文创产品内容中的科技意识，事实上，近些年来经常出现的科幻题材、未来题材等不断成为文学、电影等的热点。

3. 生活视角

　　生活视角是一种社会化视角。没有文化的生活是无趣的，没有生活的文化是无力的。当代中国社会的一个突出特点是大众在物质丰富之后的精神需求上升，换言之，文化需求已经不是大众日常生活的奢侈品而是必需品，文化消费成为消费热点，文化选择成为情感需要与身份认同。

　　文创产品在社会的需求增长根本上源于中国消费结构的改变。当前中国的人均GDP已经超过9000美元，与物质紧张时代不同，在吃穿用住等基本需求满足之后，当前，人民群众对美好生活的要求越来越高，对生活的审美意识愈发凸显，在文化、心理、艺术、美学、休闲、娱乐等方面的需求越来越多，对饮食、穿衣、日常用品、活动空间等的文化特征要求愈发提升。北京、上海、广州、深圳等大城市的文化消费已经进入以审美、休闲、体验为主的阶段，由此带来文创产业蓬勃发展，新的文化业态应运而生，这种业态已经超越了传统的文化展示。比如，深圳，这些年文创产业的年均增长速度接近25%，文创产业占全市GDP的比重平均接近10%，创意设计、数字音乐、文化旅游等行业在全国领先。这种日常生活审美化可被视为是唯美主义和消费主义的叠加，尽管大众对审美感与文化感理解的角度不一、深度不一，但"诗意栖居""快乐生活"越发成为一种共同趋势。

文创领域的生活视角分为两个层面，从微观的层面来说，文创产品可以成为生活的道具，是美好、精致与创意的具象化。传统意义上的设计作品，常常只具有单一的功能，要么是只体现艺术美感，要么是只体现文化导向，很少考虑生活化、实用性，默认人们购买文化产品、设计产品，都是用来远观的，这都为人们亲近文化带来了阻碍。而"文创理念"的诞生，促使人们思索如何让文化以创新的方式吸引人们的注意、以创意的角度融入人们的生活。从文创产品开发比较活跃的博物馆行业来看，与日常生活用品结合、让文物"活"起来成为共同特征。

以故宫博物院近年来的文创产品为例，2014年故宫推出的"奉旨旅行""如朕亲临"卡套，面市之际就引发热议，参展第四届中国苏州创博会，首日即被抢购一空。这套硅胶多用卡套，既可以当作行李牌，也可以当做公交卡套，背面的图案按照古代圣旨绢卷图样进行仿古设计，并配有繁体隶书"奉旨旅行"或"如朕亲临"，和卡套在旅行、交通的使用场景相映成趣。如果单纯从产品质量来看，故宫的这个试水之作的工业水准其实还有待提高，图案略显粗糙，配色也并不完全合乎审美标准。但就是这样一个将文化融入生活的趣味点，得到了公众的高度认同，也让人们看到了文创市场的潜力。

试水之作的成功，让故宫继续在文创领域发力，也更加懂得在实践中尊重游客、尊重市场，倾听热心粉丝的声音，改进自己的文创工作。2016年，故宫推出了原创纸胶带，便有不少粉丝利用充满中国风和宫廷感的胶带来装饰口红彩妆，打造"私人御用订制款"。在这一风潮下，故宫淘宝推送了"脑洞文章"——《假如故宫进军彩妆界》，文中畅想"点翠眼影、花朵腮红、千里江山指甲油……"，不但阅读量再次轻松突破10万，更有超3万网友点赞支持故宫的创意，5万多人转发求购宫墙红口红。经过灵感汲取、市场观察，2018年，故宫彩妆终于经由故宫淘宝和故宫文创两条渠道先后面世，彩妆系列涵盖口红、眼影、腮红、高光等多款彩妆产品，这一系列彩妆产品的颜色调配、设计灵感，全部取自故宫博物院的珍藏文物。其中最为瞩目的故宫淘宝口红系列，六种颜色既包括了在"脑洞文章"中呼声甚高的"斩王色"："宫墙红""郎窑红""胭脂红"，还增加了取自雍正朝瓷器颜色的"祭红"、源出钧窑玫瑰紫釉的"紫靛"、来自康熙朝豇豆红釉的"美人霁"三种色号。这些生活化的文创产品再次获得了市场的热情反馈。

故宫也一度推出护肤系列的面膜，但销量并不尽如人意，后来经过市场调研发现，面膜的使用具有较强的私密性，人们常常是在家中洗漱之后独自使用，"故宫"的品牌无法体现。而口红、粉饼这类美妆产品，则是可以随身携带、即时使用的，在公共场合里，补妆原本是一件略显尴尬的事情，但是如果拿出包装精美、品牌知名、颜色美丽的化妆品，则会在朋友之间创造一个新的话题，让气氛从尴尬变得活跃。而故宫的独特文化品牌，则兼具了"高大上"的档次感和趣味性的话题度。将文化的概念、故宫的品牌融入一只价格亲民、日常可用的口红之中，不但是在潜移默化之中传播了文化知识、也为人们追求美好生活提供了一抹亮色。

国家博物馆、敦煌研究院等的馆藏文物主题设计也与笔记本、手机壳、马克杯等紧密结合，获得了很好的市场反应，不少产品成为常销、热销产品，让文创产品通过文化和创意的结合，切切实实地进入民众日常生活、提高人们的生活品质，成为这些博物馆在文创转型之路上成功的关键。

从宏观的层面说，文创设计也可以成为生活的底色。以现在流行的自助型乡村旅游来说，它的消费地点已经不是景区而是非景区，消费者在旅游中更多的不是观景而是体验与参与。这种需求生成了崭新的乡村旅游模式，许多乡村创客也由此产生。这种模式需要与当地的地方文化与产品紧密结合，需要优秀的设计与品牌来支撑，需要开发者对大众文化品位有准确把握。

作为江南水乡文化品牌建设的典范，融"戏剧小镇"与"互联网小镇"于一体的乌镇，也为人们提供了文化创意景观化的体验。乌镇戏剧节最具实验特色的部分，还是戏剧嘉年华。行走在古镇之中，店铺前、水井旁、桥头岸边、凉亭晒场，处处都正在进行街头戏剧。街边有相声表演，码头有花鼓戏，门洞里有人偶剧，而且演员随时开始，随时结束，随时与受众互动、让人参与其中。这里是人生如戏，更是人生如网，乌镇将自身打造成为一个巨大的舞台，为到来的人们提供着不眠不休的巨型浸入式表演。在互联网蓬勃发展，人们的大量基本生活都从线下转到线上，从实体转向虚拟，整个时代行走在异化边缘的时刻，艺术重新强调进入生活，并从现实的人与人的交流之中，探索虚构的艺术演绎，无论是"真实"还是"虚拟"都被置于陌生距离之中，促使人们对自身所处的空间进行新的思考。既是基于生活的，又是超越生活的。

文旅小镇是当代中国文创发展中的典型形态，在地化、生活化、艺术化成为普遍特征，就地取材、渗入日常的设计理念让接触者充满亲近感。国内首个以戏剧为主题的文旅小镇是坐落在中国女子越剧诞生地浙江嵊州的"越剧小镇"，在保持天然山水田园风貌的基础上，打造集戏剧、文化、生活于一体的生态园区，以越剧为核心，以包含戏曲、话剧、舞蹈、曲艺、音乐剧等在内的常态演出为支撑，以剧场、戏剧工坊、艺术教育、非遗体验馆、工匠艺术村落等为板块。[①] 从文创理念看文旅产业发展的内涵，是树立"好好生活"理念，推动城市再生、乡村再生、心灵再生。

（四）文创理念与文创赋能

文创理念对于以文创赋能各个传统行业、打造新型文化业态具有指导意义。按照这一理念，可以形成包括"文创＋旅游""文创

---

① 梅生. 越剧小镇：戏剧之魅与生活之美［N］. 人民日报，2019－01－17.

+乡村""文创+制造"等的"文创+"的生态体系，有效引领产业升级，推动乡村振兴，助力城市转型。文创理念以文化为根基、创意为关键，这就要求在文创赋能过程中，以创意来推动赋能对象的文化内涵的挖掘、呈现与转化，其着力点在于故事、体验与授权。

1. 着力点之一：故事（Story）

好莱坞著名电影人塞西尔·德米尔曾说过，"世界上最伟大的艺术是讲故事的艺术"①。讲故事是人类的重要能力，其原因在于，听故事是人类的基本需求。在一定意义上，人类的历史与文化正是靠故事传递的，《圣经》《论语》等人类经典历史文化文本中都充满了生动的故事。从实质上看，故事是文创理念的最好体现，好故事是文化内涵和创意表达的紧密结合。

旅游产业中的文创赋能最能体现挖掘故事的重要性。对旅游地点的历史文化的梳理、知名人物足迹的再现、文化象征意义的凸显等，都能让观光式的旅游成为文化式的旅游，增强旅游的文化感与获得感。同样，在制造业的文创赋能中，对于产品的文化意义挖掘就更具有提升产品品牌附加值的特殊作用。瑞士IWC万国表业在推出其新款产品TOP GUN时就借用了汤姆·克鲁斯主演的电影《壮志凌云》的故事，将产品与顶级飞行员的卓越成长历程与"壮志凌云"气质联系在一起。

情境故事法是文创产品设计中经常使用的方法。与传统的设计

---

① 塞西尔·德米尔（Cecil B. DeMille），其原文是"The greatest art in the world is the art of storytelling"。美国电影电视金球奖的"终身成就奖"就被命名为塞西尔·德米尔奖。

师导向的产品设计理念不同，"情境故事法则是在产品开发过程中，透过一个想象的故事，包括使用者的特性、事件、产品与环境的关系，仿真未来产品的使用情境，透过使用情境的模拟，探讨分析人与产品之间的互动关系"①。在文创赋能中，这一方法突出的是文创产品设计中使用者的中心位置，重点在产品使用过程中的文化环境营造和使用者的文化心理接受。

2. 着力点之二：体验（Experience）

体验经济是一种新的经济形态，与关注功能性的产品开发不同，强调通过设计与服务让使用者获得好的感受。体验产业与文创产业有着天然的联系，共同点在于都强调使用者的非功能性的主观感受。"所谓体验产业，是指那些设计、创作、生产、加工或除了具备一般性功能之外，能够给人们带来体验感受的产品或服务的生产部门，主要代表部门可以包括旅游、体育、音乐、互联网、电影、广告设计等部门。"② 因此，在文创赋能中，体验感的设计也成为重要着力点。

体验感设计要考虑主客观两方面的因素：一方面是场景的真实性，任何场景的设计都要符合该场景自然存在的状态；另一方面是主体的参与性，让进入场景的使用者具有沉浸感、互动感。前文提到的瑞士 IWC 万国表业在 2012 年日内瓦推出其新款产品 TOP GUN 时，将展台布置成一比一航空母舰模型，配置指挥中心岛、飞行甲

---

① 李雪松. 在产品设计中讲故事——浅析情境故事法 [J]. 美苑, 2014 (6).

② 赵放，王淑华. 体验经济与中国体验型产业发展的研究 [J]. 社会科学战线, 2013 (11).

板、蒸汽弹射器、机库、飞行控制器和飞行员更衣室，现场也是由身穿白色制服的地勤人员负责办理嘉宾登记手续，加之持续播放海军空战部队精英飞行学校训练短片，整个现场营造出极为特殊的航母场景，带给参与者极为特殊的心理体验。

在中国，文创赋能乡村振兴带来了大批高学历的青年乡村创客群体的出现，带来了热气腾腾的"乡创"实践的兴起，围绕新乡村的建设，如何以"不旁观、不破坏"的姿态沉浸在乡村中，成为有机融入的"外来原住民"，通过自己的深度体验，打造出具有良好体验感的乡村文创空间和文创活动，成为当代乡村文创的重中之重。

3. 着力点之三：授权（License）

从国际经验看，要培育"文创＋"的新型文化业态，核心是基于文化 IP 的品牌授权业发展。要注重挖掘各类文化品的核心情感元素、价值元素，将其名称、形象等形成 IP 并进行创造性转化与创新性发展。从全球范围看，品牌授权业的市场规模已经超过 2400 亿美元，而中国的文化资源正在成为越来越重要的授权资源，中国的市场更是具有巨大的增长潜力，中国的授权市场以年均 9.2% 的速度增长，成为世界上发展最快的品牌授权市场，远高于美欧年均 1.7% 的增速。①

近年来，包括国家博物馆、故宫博物院在内的中国的博物馆行业越来越重视创造文物 IP，开发周边创意产品，吸引了大量年轻粉

---

① 赛丹杰，格里高利·巴特斯比. 品牌授权原理［M］. 吴尘，朱晓梅，译. 胡钰，审校. 北京：清华大学出版社. 2016：1.

丝。在今后的中国文化发展中，不但要进一步发掘文物等中华优秀传统文化中的老 IP，还要善于通过当代文学、动漫、电影等创造新 IP。更重要的是，要善于将这些 IP 进行更广泛、更多样的商品转化，形成新型文化业态，比如，国产动漫电影《大鱼海棠》、国产原创动漫形象阿狸等通过 IP 开发与转化，都取得了不错的成绩。

国际品牌授权业协会前主席赛丹杰认为，品牌授权业务本质上是一个跨界的过程——通过商品，将娱乐内容、生活方式、企业品牌和零售融为一体。它凝结了包括市场营销、会计学、法学、电影学、工业设计、心理学、建筑学和计算科学等多个学科的集体智慧，是一种差异化、交叉型、移植性的创新思维结晶。他认为，中国在游戏、电影等内容产业方面已经超过美国，成为最大的市场，中国的文化元素、文化品牌也在进入美国等世界各国，从某种意义上说，品牌授权将成为文创行业内最高的那块天花板。在中国，品牌授权业有着巨大的空间，对现在和未来的文创产业发展都非常重要。①

推动文创发展，从根本上看，还是要培养具有文化使命感和文化创造力的文创人才。文创理念的核心特征是创新与跨界，对文创人才的素质要求也是复合型、交叉性的。2001 年，澳大利亚昆士兰科技大学成立了世界上第一个"创意产业学院"，旨在整合表演艺术与创意艺术、媒体与传播、设计等不同学科，为新知识经济中的创

---

① 赛丹杰. 全球娱乐 IP 的品牌管理与授权［R］. 北京：清华大学专题演讲. 2017－03－09.

意产业培养毕业生。① 从文创人才培养的专业上看，有三个专业成为重要支撑：媒体（media）、艺术（art）、设计（design）。恰巧，这三个单词首字母合起来就是 MAD（着迷的），这也暗合了文创发展给人带来的喜悦感和冲击力。②

文创人才是发展文化创意产业、推动文化创意传播的主体力量，对于进入新时代的中国培育文化新业态、提高文化软实力具有重要意义。加大力度培养造就新一代青年文创人才，着眼于树立文化自信、建设文化强国的目标，着眼于抓住我国文化产业、文化事业蓬勃发展的历史机遇期，着眼于发挥多学科学习与产学研合作的跨界优势，核心目标是培养具有文化使命感与文化创造力的引领性、复合型文创人才。

要培养这样的文化创造力，就要"文化人＋科技人＋生意人"。在清华大学，学物理专业的学生能够写出得到国际雨果奖的科幻小说，学热能工程专业的学生能够导演出唯美而叫座的国产动漫电影，学材料工程专业的学生能创造出热播的网络音乐剧，学自动化工程专业的学生能够创立大型数字娱乐媒体平台，都得益于复合型的知识结构。

文创理念是文创人才的核心意识与能力，对于当代中国的文化发展和国家形象塑造都具有重要作用，既能够通过创意性传播来展示中国的文化形象，又能够打造新型文化业态来推动文化事业和文

① 约翰·哈特利. 创意产业读本［M］. 曹书乐，包建女，李慧，译. 北京：清华大学出版社，2007：5.
② 胡钰. 文创理念与全球文化传播［R］. 意大利罗马："中意创新合作周". 2018 - 12 - 05.

化产业繁荣，更重要的是，具有文创理念的年轻一代将成为全民族文化创新创造活力的重要体现。运用这一理念，中国的经济增长、文化自信、社会和谐、生命质量都将持续改善，具有鲜明人文精神特质和深厚历史底蕴的中华文化也将在当代世界多样性文化表达中更具魅力与活力。

第三章

网络媒介与当代中国文化

互联网的诞生与发展，为人类社会带来了巨大的变革。这种变革首先体现在科技层面上，网络延展了人类的生物能力、减弱了环境的物理限制。"各种先导技术不再有异化作用，媒介是人感知信息后处理信息的延伸，并且不同的技术会影响人类感知的结构。轮子是脚的延伸，衣服是皮肤的技术投射。书是眼睛的派生物，广播是耳朵的技术表达。"① 虽然当今的社会还没有达到科幻小说中将一切芯片植入人体、机器与人共生共存的地步，但是大量的电子设备已经成为人类外骨骼一样的存在，让人类的视觉、听觉、嗅觉、味觉、触觉能力都大大延伸。人类身体和精神可以触及的时空也越来越广阔。

对于中国而言，这种变革突出体现在经济层面上，第三次全球科技革命、互联网的广泛使用，给予了中国弯道超车、后来居上的机会与可能。中国的互联网 1.0 时代，门户网站信息涌动，论坛聊天各抒己见，网络让知识传播与信息交流的成本大大降低，人才成

---

① 麦克卢汉. 理解媒介：论人的延伸［M］. 何道宽，译，北京：译林出版社，2011：3.

长和观念革新的速度大大加快,可谓中国网络的"基建时代"。到了互联网2.0的社交时代,人们不再满足于被动接收信息,而是人人都想成为信息的主动发布方、传播方。社交平台如雨后春笋纷纷涌现,即时聊天软件取代了传统沟通工具。中国在电子化和信息化的道路上,在模仿中逐步缩短与西方发达国家的距离,可谓中国网络的"学习时代"。随着智能手机的普及,互联网进入3.0移动时代,借由"移动"的特性,虚拟空间与现实生活的藩篱被打破,"互联网+"的形式开始重新结构生活方式与资本体系。因为传统的资本主义信用模式在中国的发展孱弱,使得互联网带来的革新减少了阻力。中国网络进入了应用导向的"创新时代",移动支付、共享经济、人工智能、互联网金融……中国借助"互联网+"创造的新型产业模式,不但为自身经济提供了助推动力,也为世界经济模式提供了新的资源。

网络媒介成为当代中国文化传播的基本载体,也成为体现文创理念的重要技术。把握网络时代的文化认知模式,才能创造更多样更丰富的网络文化产品,实现网络文化的价值引领。

(一) 网络时代下的文化认知模式

经济基础决定上层建筑,互联网在文明层面上深刻影响了当代中国文化。这种影响并不只是内容层面上的,源于互联网带来的海量信息,文化内容的更新速度其实是有史以来从未有过的迅速,而能够沉淀下来的文化内容比例也就相应减少。在这些内容的更新与迭代中,有其背后的逻辑与机制,在大浪淘沙中逐渐稳固。

互联网重新结构了中国人对文化特别是中国文化的表达形式、认知模式与传播方式，在对中国传统文化的批判性扬弃和创造性转化、对中国社会现实的敏感体认和理性反思中，逐渐融汇成了当代中国文化。

正如麦克卢汉"媒介即信息"的论断，媒介不仅是用来承载内容的，一种新媒介的出现会为人类创设出一种全新的生活环境和存在方式，使人类的精神活动与日常行为发生显著变化。互联网作为一种新媒介，一方面促使当代文化在表达形式上日趋大众化、日常化、碎片化，另一方面，表面的琐碎并不意味着人们放弃了社群生活与宏大叙事，而是人们以"数据库思维""数字形式"将其以全新的认知模式进行处理。基于此，当代中国文化逐渐形成元素、脉络、机制、价值观的四级递进传播，以创新的传播方式，促进媒介变革下吸纳传统、开拓新图的中国当代文化向阳而生。

1. 表达形式：大众化、日常化、碎片化

根据中国互联网络信息中心发布的第 43 次《中国互联网络发展状况统计报告》，我国网民规模已达 8.29 亿，普及率达 59.6%。①网络的普及将知识生产、信息发布的门槛逐步降低，文化的表达主体，从"五四"时期启蒙运动、20 世纪 80 年代再启蒙运动中，精英把握话语权的"我说你听""我启你蒙"，演变为大众在全新话语空间中众声喧哗、高度互动，来自不同年龄与阶层的人们共同参与

---

① 中国互联网络信息中心. 第 43 次中国互联网络发展状况统计报告 [R/OL]. (2019－02－28) [2019－04－16]. http://www.cnnic.net.cn/hlwfzyj/hlwxzbg/hlwtjbg/201902/P020190318523029756345.pdf.

到当代文化的建构之中，令当代中国文化的"大众化"色彩更加鲜明。

在此基础上，移动通信设备与技术的普及，则让文化表达突破了时间和空间的局限，伴随着表达主体的下移和表达频次的上涨，日常生活成为表达对象。中国手机网民规模达到 8.17 亿，通过手机接入互联网的比例高达 98.6%。① 随身携带的"媒介"，捕捉着普通人的日常事，将之赋予高光，广为传播。当代中国文化的"书斋气"变淡，"烟火气"渐浓。

如果说表达主体的大众化和表达对象的日常化，仍然是"滑动的变化"——这些改变发生在既有的选项之内，并非在此前中国的文化历史中不曾出现，那么基于大众化与日常化，当代文化的"碎片化"，则是伴随着信息爆炸而出现的新特征。这一特征之所以关键，是因为它不仅是文化内容的呈现形态，更与文化产品的生产机制密切相关，并且伴随着当代诸多创新、优质的文化成果，逐步沉淀并固定下来，进入历史之中。

从文学领域来看，网络文学异军突起，成为中国乃至全球范围内"风景这边独好"的新文化现象。网络文学经过 20 年中多次的自我迭代，形成了以起点中文网为代表的"超长篇"与"微叙述"的创作模式。在网络媒介上，作品从作者到读者的传播速度近乎即时，作品的创作过程不再是作者一人的苦心孤诣，而是以作者连载、读者追更的模式，形成了高频的互动。读者对网络文学的喜爱与需求，

---

① 中国互联网络信息中心. 第 43 次中国互联网络发展状况统计报告［R/OL］.（2019 -02-28）［2019-04-16］. http：//www. cnnic. net. cn/hlwfzyj/hlwxzbg/hlwtjbg/201902/P020190318523029756345. pdf.

一方面是内容上的"爽文"特质，希望以此满足最基本的消遣放松诉求，另一方面则是形式上的"陪伴"属性，每天固定时间都有新的连载章节，读者在此与作品中的人物一起经历跌宕起伏的人生历险。奇情故事为庸常生活带来新意，庸常生活又促使读者投入奇情故事，最终形成高度黏着度。

在网络文学作者、读者、网站的反复调整与反馈之后，形成了目前中国网络文学的普遍运行方式：每次更新 3000 字左右，每日更新 1—2 次，一日内容包含一个情节冲突或小型高潮，或者用行话来讲，就是每天都要有梗，这就是"微叙述"；每部作品连载 1—2 年，最终篇幅 200 万—300 万字，女频偏于下限，男频偏于上限，但都是致力于在长期连载中以作品陪伴读者、和人物共同成长，这就是"超长篇"。"超长篇"加"微叙述"，与中国网络文学独创的付费订阅生产机制相配合，成为目前网络文学的主流创作模式。

在视听领域，随着网络基础设施的广泛建设，由城镇到乡村的"最后一公里"逐步打通，移动流量资费大幅下降。从"文字时代"到"图片时代"不久，立刻进入"视频时代"，并进而到"短视频时代"。截至 2018 年 12 月，我国短视频用户达 6.48 亿，一般视频用户规模达 6.12 亿。① 这意味着，短视频的用户数量甚至是一般视频的用户数量的 105%。在媒介变革的跃迁中，受众数量不但没有损耗，反而形成倒挂式增长，这一现象格外值得关注。

2005 年的网络视频《一个馒头引发的血案》让 30 分钟以内的

---

① 中国互联网络信息中心. 第 43 次中国互联网络发展状况统计报告［R/OL］.（2019 - 02 - 28）［2019 - 04 - 16］. http://www.cnnic.net.cn/hlwfzyj/hlwxzbg/hlwtjbg/201902/P020190318523029756345.pdf.

网络视频短片为人所知，2016 年 papi 酱的系列搞笑视频则将长度进一步压缩到 3 分钟，2018 年抖音在国内外的强势崛起又把短视频带入读秒时代，视频越来越短，内容越来越碎，但由此生发的文化现象却越来越多、影响人群越来越广。

网络时代视听领域的文化生产中，"片长"变为"时长"，提供的与其说是一个封闭的完成了的作品，不如说是"某一（时间）分量"的原料：受众不再是被固定在影剧院或电视机前，被动地进行观看，进入创作者设计好的线性叙事之中，而是一手把控屏幕，一手把控进度，随时可以快进、后退、点赞甚至退出，利用现代性的科技媒介，进行后现代的二次创作与拼贴。在有限的时间内，创作者和接受者不断在进行创意的"太极推揉"，双方争夺的不再是对一个视听作品或优或劣的整体评价，而是对作品内部每一个创意"结点"的演绎与归属，这也就让视频从"不断短"到"更加碎"。

在游戏领域，智能手机的普及，让移动游戏迅猛发展，中国移动游戏实际销售收入占中国游戏市场的比例在近些年间已经由 5.4% 上升至 62.5%。① 移动游戏以手机作为主要载体，以通勤途中、工作闲暇作为主要场景，快感体验主要来自快进快出的回合式对抗比拼，每局平均时长基本保持在 10 分钟以内。手游的流行改变了游戏产业的整体格局，与 PC 时代追求对战复杂、画面精美的"史诗大作"式"重度游戏"相比，好上手、易操作、重趣味的"轻度游戏"开始更受青睐。

---

① 中国音数协游戏工委、CNG 中新游戏研究、国际数据公司. 2018 年中国游戏产业报告［M］. 北京：中国书籍出版社，2018：14.

手游内部，《奇迹暖暖》《恋与制作人》《旅行青蛙》在 2017 年至 2018 年的相继爆红，集中地展现了轻度游戏在带动话题、创造利润、开拓女性受众方面的优势。《奇迹暖暖》以为主人公搭配特定场景下的服饰为任务，《恋与制作人》的快感源于完成任务、获得卡牌后与男主角进行一次又一次浪漫约会，《旅行青蛙》则是以"养娃"的方式"养蛙"。"史诗"的波澜壮阔被"日常"的小起小落取代，使游戏在输出/体验一端更轻。

手游之外的页游领域，橙光游戏也令人瞩目。橙光是一款能够便捷制作文字冒险类角色扮演游戏的软件，并基于软件的使用和分享形成了一个社区，用户在其中交流体验彼此制作的橙光游戏。橙光的出现，大大降低了人们进入游戏设计制作领域的门槛，任何微小的创意和创新，都能极为便捷地转化为游戏作品，使游戏在输入/制作一段更轻。游戏的轻度化也成为当代文化碎片化的一个表征。

"媒介即信息"的影响，在媒介变革时代愈加凸显，因为技术领域的革新带来的是文化领域从生产机制到内容产品的改变——我们无法轻易为这些改变做出定论，一方面，文化自我发展和演进的过程被外因强势打破，另一方面，这一因技术而重组的过程又为诸多处于边缘位置的小众文化提供了弯道超车、进入主流的机会。

在这种特殊的时刻，想要抵御技术对文化的冲击，从而在文化的发展中把握方向，麦克卢汉强调了艺术家的价值，"所谓的艺术家在各行各业都有。无论是科学领域还是人文领域，凡是把自己行动的和当代新知识的含义把握好的人，都是艺术家。艺术家是具有整

体意识的人（The artist is the man of integral awareness）"①。艺术家能
够打破技术与艺术之间的壁垒，模糊高雅文化与通俗文化之间的界
限，不囿于过往文化传统的限制和今日技术权力的施压，没有淹没
在碎片之中，而是在碎片的洪流中，产生了整体意识的人。换言之，
当代文化现象的碎片化特征，需要整体化意识带来应力，重新达到
新的平衡。在移动互联网时代，艺术家既需要具备整体思想能力，
又需要具备碎片生产能力，更需要将两种能力有机结合的能力。

2. 认知模式：电子时代的"数据库思维"

当代中国文化的碎片化特征明显，大众文化及其消费的个性化
和私人化日渐突出，但与此同时，我们也能很容易地感受到，个体
的凸显并不意味着集体的衰退。媒介变革中，人与人之间的联结从
血缘关系、地缘关系逐步转变为趣缘关系。正如麦克卢汉提出的
"文明演进三阶段论"描述的那样，人类经历了口头传播时期的部落
化、文字印刷时期的去部落化，进入当今的电子传播时期，重新进
行再部落化。虽然在日常生活中，看似独居、宅的人越来越多，但
是在网络空间中，各种各样的小圈子、小"部落"却生生不息。社
群生活以"脱实入虚"的方式在新时代中延续，并且基于"趣缘"
的结合，让文化的创造更加生机勃勃。

基于网络空间而产生的当代中国文化，种类繁复、数量庞大、
迭代迅速。一方面让人难以把握，另一方面又让人难以忽视。说它
"难以把握"，是因为以趣缘结成的这些圈子与部落，内部都基于自

---

① 麦克卢汉. 理解媒介：论人的延伸［M］. 何道宽，译，北京：译林出版社，2011：
102.

身文化脉络形成了一套自己的"规矩"与"黑话",这是他们的生态体系与话语体系。因此,对于不同部落的成员来说,即便同为电子文明的原生一代,也可能彼此并不熟悉对方的文化,对于从印刷文明过渡到电子文明的上一代人来说,就更加难以把握了。

说它"难以忽视",则是因为由此生产的文化成果,已经在无声无息中渗透生活的方方面面。最明显的一点就是,很多网络的流行词汇,都会经历从线上爆红到线下流行的路径,通过官方媒体、主流媒体的使用,由小众进入大众、"亚文化"变得"主流化",更有部分词汇经过时间的检验,最终沉淀下来,成为当代日常生活用词的一部分。如果完全回避网络媒介环境下的当代文化及其生产机制,就会与时代的文化隔离,甚至成为这个时代里识字的"文盲"。

这个"两难"提示我们,滚滚浪潮一般不断涌来的各种当代文化现象、社会事件与新鲜词汇,看似如同碎片,让人无从捕捉,但其实每一个网络热点、流行词汇背后,都有一个文化部落作为支撑、都有一套文化体系作为土壤。这些现象与词汇之间,存在着千丝万缕的内在联系,存在着横向的制约辩驳与纵向的代际更迭。

事实上,同一趣缘社群中的成员,以"黑话"作为暗号,不但可以迅速识别出彼此的社群身份,而且可以激发出强烈的感情。这种感情既是源于社群关系带来的认同和归属,也是源于文化内容带来的快感和满足。

例如,"萌"在汉语中原本是指植物发芽的过程。在日本二次元文化中,以"燃え"(もえ/moe,仿佛燃烧了起来)来形容自己对动漫游戏中美少女角色产生的强烈爱意,而在电子系统输入该词时,表音的平假名もえ会对应多个表意的日文汉字，系统排序常会把同音的"萌え"列在"燃え"之前，久而久之，就以情感色彩更加含蓄的"萌え"接替了"产生喜爱"的含义。传入中国二次元圈之后，汉字"萌"在这一动词含义的基础上，又衍生为对喜爱对象的描述——"可爱"，继而进入大众文化，并成为日常词汇被广泛接受和使用。① 因而"萌"字新意进入大众文化之初，人们普遍联想到的是草木萌芽、小动物与小孩童式的低龄化可爱，是一个相对孤立的流行词汇而已。对于二次元圈而言，"萌"所关联的首先是强烈的情感和欲望反应，其次是一系列动漫游戏中的美少女形象，第三是这些文化脉络所具有的种种特征性元素，例如天然呆、双马尾、女仆装。它看似是碎片化的单字，背后却包含着丰富的文化资源，因而其出现，总能带来"涟漪效应"。现实中，随着二次元文化越来越深入地渗透进大众文化，各种萌元素越来越为人们所熟知，而大众文化中"萌"也开始与一系列形象和特点相关联。

东浩纪在论述御宅族的文化消费时指出，"（他们）并非单纯消费作品（小故事），也并非其背后的世界观（大叙事），更不是故事设定或是人物（大型非叙事），而是更深层的部分，也就是消费广大御宅族系文化的资料库"②。电子时代中，人们对文化的认知已经不再是作为整体性叙事来记忆，海量的信息生产中，通常会有某些碎片被反复使用、不断拼接、进入多个叙事之中，这些高频使用的碎片就成为"元素"，它们通常关联的语境、次高频碎片，共同构成了

---

① 邵燕君，王玉玊. 破壁书［M］. 北京：生活·读书·新知三联出版社，2018：23.
② 东浩纪. 动物化的后现代：御宅族如何影响日本社会［M］. 褚炫初，译. 台北：大鸿艺术股份有限公司，2012：82.

这一元素所在的资料库，也即数据库。人们对文化的吸收和处理，在媒介变革时代中，是以数据库思维逻辑来对碎片进行编码和存放的。

因而，当代文化的表达形式虽然是碎片化的，但是人们并非直接与这些文化的碎片产生关系，而是在认知过程中，通过这些作为元素的碎片，激活了对应积累的数据库，从"复习"与"重组"中满足了自身对文化的需求，并且在这一过程中，识别出共享同一数据库的社群同伴，获得了认同和归属。"整体化意识"不再是将文化本身视为一个固定不变、完整内洽的雕塑，在传递的过程中追求尽量减少损耗，而是体现为"数据库思维"，也即将文化作为一套可以拼接的积木。对于熟悉的人群来说，这套积木具有统一风格和标准图纸；对于不熟悉的人群来说，这套积木也允许多种方式的组合与摸索。"整体"成为逻辑上的规则，而非形式上的规约，"碎片"与"整体"的关系，借助"数据库思维"的认知模式，在余裕的缝隙间，构成了更加有机的关联。

3. 传播方式：从元素到价值观的四级递进

理解媒介变革后的当代中国文化逻辑，也就可以对当今大众文化与文创领域许多现象，产生更加清晰的解读。早在 2008 年，北京故宫博物院就开始尝试网络售卖周边产品，注册了"故宫淘宝"网店，但是上架商品大多属于"旅游纪念品"的性质，以书签、明信片、建筑模型等为主。2013 年，一向在文创领域积极创新的台北故宫博物院推出了"朕知道了"纸胶带，成为网红爆款，南北故宫博物院在文创领域的差距，也引发了人们的热议。2014 年，北京故宫开始逐步转型文创，公众号推文《雍正：感觉自己萌萌哒》，以《雍正行乐图》为基础，通过数字技术，让静态工笔画中的历史人物动了起来，雍正松下抚琴、临河垂钓、与虎搏斗的宫廷生活跃然纸上，而肖像画中比 V 戳脸的雍正，更是击中大家"萌点"。一个多月后，故宫淘宝上线新品朝珠耳机，成为首个故宫热卖周边。随后五年，故宫的文创之路越来越开放大胆，相继推出了"奉旨出行"行李牌、"朕就是这样的汉子"折扇等文创产品，达到年营收 15 亿元。2019 年年初，故宫推出的系列彩妆，又一次让其文创产业成为热门话题。

以 2013 年为界限，北京故宫的周边产品制作非常明显地分为两个阶段，前一阶段中，停留在"旅游纪念"的产品，沿袭的是印刷文明中的机械复制逻辑，追求无损地传递作品的整体形象，因而无论是明信片上的故宫风景，还是模型呈现的微缩宫殿，都是高度具象化、无法被拆解的存在。后一阶段中，具有一定文创理念的"文创产品"不断出现，逐渐转换为网络文明中的数据库思维，以点到为止的局部呈现，用元素打开受众对中国文化这一数据库的感知，充分唤起受众在理性知识与感性情绪上的互动。

同样是具象的玩具人偶，在前一阶段采用的是"芭比娃娃穿旗装"，只是一个对古代服饰文化的拙劣复刻，与人毫无情感互动。而在后一阶段，首先重新设计了人偶版型，放大头部、缩小身体，突出 Q 版"萌"的特点，其次以名声在外的故宫初雪为背景，拍摄了一系列男女娃娃具有场景性、故事性的照片，最后在上线推广时，借助《步步惊心》里若曦与四爷漫步雪中的情节展开宣传。以

"萌""故宫雪景""步步惊心"为关键元素，激活多个受众已有的记忆数据库与之互动，大众好感、文艺情怀、粉丝热爱依次递进，实现文化影响与商品售卖的精准传播。

在当代社会，公众对本民族文化的喜爱，不再是需要整幅《千里江山图》的复刻，而是指尖甲油的一抹青绿。这个"碎片"所能激活的除了《千里江山图》的原文本，还有每一个体围绕这一文本所产生的知识网络、情感体验、人生经历。通过心理学的格式塔完形思维，人们与碎片之间产生了主动且深层的互动。鲍德里亚认为，在"仿真"的历史谱系中，有"拟像三序列"：第一阶段是遵循自然价值规律的"仿造（counterfeit）"，主导了从文艺复兴到工业革命时期的制造，以手工制作追求对自然的模拟、复制和反应；第二阶段是遵循市场价值规律的"生产（production）"，主导了工业时代的制造，大机器制造取代手工制作成为主流，受到资本主义市场经济规律和价值规律的支配，制造的规模扩大，盈利成为最大诉求；第三阶段则是遵循结构价值规律的"仿真（simulation）"，这是我们当今被电子文明和代码符号所主宰的世界中产生的特点。①

"仿真"创造出的拟像，是一种"超真实"的存在。在传统的表现手法中，无论是现实主义还是现代主义，都是对既有实体直接或变形式地再现，但在文创理念中，文创产品不再是对某个实体的模拟，而是追求"不像之像"，追求"局部中的整体"，通过碎片式的符码，通过人们的思维建构，打造出多样性的新的形象。这些形

---

① 尚·布希亚. 拟仿物与拟像［M］. 洪凌，译. 台北：时报文化出版企业股份有限公司，1998.

象尽管与仿真对象有很大差异，但与主体的紧密程度却是前所未有的，主体对其是坚信不疑的，是有情感融入的，因而这也成为后现代传播中"超真实"的存在。

媒介变革下的当代中国文化，正处于"仿真"之中，虚拟与真实、原创和重构之间的界限被模糊，人们遵循新的文创规律，在数据库的元素之中，左右游弋、相互勾连，不断创造新的文化。在这个逻辑中，焕然一新的故宫文创如是、红红火火的 IP 开发如是、潜移默化的国货国风亦如是。

因此，当代中国文化的传播，应当遵循从元素、脉络，到机制、价值观的四阶段递进式传播。人们日常处理的各种文化现象与事件的碎片是元素，其诞生的文化资源土壤、牵涉的数据库是脉络。元素的广泛传播，目的是唤醒受众已有的文化记忆，共享所缺的文化资源，将这一元素背后的数据库传递到更多社群之中。而当代中国文化的面向海外的竞争力，除了将文化内容作为世界文明的新鲜血液，更值得关注的是将当代中国文化在媒介革命中的生产机制，作为全球进入网络时代进行文化生产的一种范式。

在这个方面，中国网络文学不仅在 IP 创作、内容生产上打通了海外传播的渠道，其独创的付费阅读体系同样已经被美国、加拿大等多个国家的网络文学网站模仿。网络文学的阅读付费体系不是简单将传统报刊类连载订阅模式电子化，而是基于网络文学"超长篇"和"微叙述"的创作模式，建立起的一整套全新的付费体系和运营逻辑。网络文学每次的更新在 3000 字左右，千字 3—5 分钱，对于一般读者而言是价格非常低廉的消遣，这部分是"稿费付费"；如果每天看 1—2 次更新不过瘾，希望作者加更，或者看到酣畅淋漓处，非常希望向作者表达自己的喜爱，就可以购买鲜花等道具，价格在 50—100 元，能够成功筛选出粉丝读者并满足他们的需求，这是"道具付费"。通过"稿费付费"和"道具付费"，能够成功将受众群体的黏性程度量化，在需求满足和增值服务上实现阶梯化标准。

另一方面，对于新入门、未成名的作者，或者作品风格相对小众、专注探索的作者，网络文学网站在判断作者较有潜力并签约后，每月会提供几百元到几千元的"保底收入"；如果能够保证每天更新，每月还有几百元"全勤奖励"；网文篇幅较长、连载不易，如果能顺利完结、没有烂尾，还会提供"完本奖励"。对于已经成为大神、具有行业号召力的作者，网文网站不但在稿费、道具分成比例上另行约定，还会在本站之外的其他渠道的收入进行分成，并且积极推动作品 IP 的影视、动漫、游戏改编，将网文作者进行明星化包装，实现 IP 全版权开发。通过"下有低保"与"上不封顶"，网络文学于横向拓展了自身的影响力，充分将优秀资源进行最大化开发，吸引大神作者持续生产；于纵向则保证了潜力新人不断进入、有充分的试错和成长空间，为受众口味的更替积累资源、做好准备，从而让网络文学的生态成为一个层次分明、有机循环的整体。

事实上，中国网络文学的蓬勃发展，不是一时的爆红，而是长期的积累，其背后是一整套生态体系、生产机制的支撑。而从东南亚到欧洲、北美，无论是翻译中国网络文学，还是模仿中国网络文学进行本土创作，都不可避免要借鉴这套付费阅读机制。这是不同于 IP 输出影响力的机制输出，它意味着在网络文明中进行的文学创作，在全世界范围内，都将是由中国掌握立法权的。

　　作为网络时代影音传播的新形态，短视频的走红同样具有生命力。抖音海外版 Tik Tok 作为新型短视频社交平台，也在全球各地的 App 下载榜上荣登榜首。海外版的 Tik Tok，是各国的用户自发在其上展示本国本土的内容，它之所以能获得不同文化背景用户的喜爱，是因为它所基于的坚实的算法技术和生产机制。

　　通过消重机制，控制平台内容原创、模仿与搬运的比例，保持原创带来的生命力，调节模仿形成的影响力，减少搬运带来的重复性。通过审核机制，在机器审核和人工审核两个环节中，检察视频是否存在敏感信息、广告推广，保证平台上的内容合规合法、平台 up 主的变现途径相对集中。通过特征识别机制，根据视频内容和标题，对其进行标签标记，匹配相关受众人群。通过推荐机制，系统以从少到多的分批推荐、反馈检测的方式，不断优化推荐效果。最重要的是，人工干预机制来进行优化修正，一方面在休闲娱乐领域指导机器不断靠近受众的准确需求，另一方面在重大新闻事件中也对受众接收的信息进行纠偏，减轻带来茧房效应。通过这五个部分，形成一整套内容分发机制，因而无论面对的是哪个国家的用户，哪种文化的内容，都能够顺利对接。

　　这些当代文化领域对外传播的成功案例，都充分展现了当代中国文化在生产机制方面所具有的独创性和竞争力。而元素、脉络与机制，在更加宏观的层面来看，同样是局部与片段，是相对于价值观这一大数据库的"元素"或"子数据库"。它们的传播，最终是为作为整体意识的中国当代文化价值观打造载体，让中国文化以适应网络时代的方式，更加多样而创意地播散全球，为媒介变革后的人类新文明做出中国贡献。

（二）推动网络文化的价值引领

尼尔·波兹曼认为："有两种方法可以让文化精神枯萎，一种是奥威尔式的——文化成为一个监狱，另一种是赫胥黎式的——文化成为一场滑稽戏。"① 在网络文化中，这两种现象都清晰地展现出来，前者源于算法技术的普及，网络使用行为受到后台监控并精准提供重复性内容，导致文化的单一；后者源于娱乐至上的潮流，网络内容供应以视听效果为诉求提供刺激性内容，导致文化的喧嚣。

作为当代最重要的媒介形式，互联网的普及与影响是不可阻挡的，但也正因为如此，我们不能仅仅关注作为技术媒介的互联网，更要审视作为文化空间的互联网。当网络媒体一切以抓眼球、点击量为宗旨，纵容人们的欲望时，对文化带来的破坏性是巨大的，而当网络作为一种技术手段，适当地去规范、引导人们的休闲娱乐需求，并且可以寓教于乐地将文化品位提升、精神情感交流作为目标时，则将为文化建设发挥重要的作用。提升网络文化的品位，已经成为当代网络社会建设的关键。

1. 消遣与欣赏：在轻松中感受学习的快乐，在娱乐中体会知识的魅力

当电视成为普及媒体时，人们盯着电视成为"沙发土豆"（couch potato），当移动互联网成为普及媒体时，人们又成了"手机

---

① 尼尔·波兹曼. 娱乐至死［M］. 章艳，译. 北京：中信出版社，2015：1.

土豆"（cellphone potato），其共同点都是无思考的娱乐消遣。网络文化满足大众的娱乐消遣需要本无可厚非，但问题在于，网络文化是否只能是娱乐消遣的文化？大众在网络中是否只能是娱乐化生存？网络传播是否不能提供具有价值引领作用的内容？

要回答这些问题，可以从媒介发展史，特别是电影、电视的发展与影响出发。电影、电视是影像艺术，从一开始，带来娱乐消遣就是其重要功能。但随着这些艺术形式日趋成熟，严肃电影、良心剧作不断出现，给人以深思：电影、电视作品也可以成为让观众"沉浸其中思索把玩"的艺术作品。时至今日，影视工业与影视艺术并存，影视消遣与影视欣赏同在。同样，网络作为一种新兴的具有强大影像传播能力的媒介形式，加之互动性、个性化的使用特征，各种新的内容形式层出不穷。这些新内容、新形式在兴起时或许以娱乐消遣为主要功能，但随着其艺术形式的日趋成熟，与电影、电视艺术一样，它们不应仅仅以娱乐消遣作为主要乃至唯一定位，其中具有艺术特征、教育功能的内容也应获得重视。

近年来，一批具有较高文化品位的内容进入互联网，掀起网络空间中的文化热潮。高晓松以博闻强识受到网友的欢迎，2012年，为其量身定做的网络视频脱口秀节目《晓说》隆重推出。每期节目时长30分钟左右，第一季52期播放量累计达到4.4亿次，高晓松在节目中说历史、评人物、论文化、谈热点、看世界，每期节目的话题都深受网友追捧热议。这些话题中，既包括对海上霸主航空母舰的趣味介绍，也包括对中国抗战淞沪战役的悲壮讲述；既有欧洲列强恩仇是非的评述，也有对千年科举民国文化的回眸。话题的领域非常广泛，涉及的知识更是驳杂，但通过高晓松风趣幽默的讲述，总能让观众在原本风马牛不相及的事件中发现联系，在枯燥无味的史料和数据中获得乐趣。

网友们亲切地把《晓说》称为"下饭节目"，因为网络视频节目上线之后，观看的场所和时间都非常自由，所以对于精彩好看的节目，大家已经不会像观看电视节目一样迫不及待地在首播时收看，而是像囤积干粮一样"屯着"，或者戏称"养肥"，等到自己有了闲暇、心态从容的时候，再一口气观看完好几期节目。《晓说》每集30 分钟左右，正好是一顿单人午餐、晚餐的时间，一边打开 iPad、观看节目，一边独自吃饭，节目精彩也丝毫不显得独自吃饭寂寞，甚至因此能多吃点饭，所以称之为"下饭节目"。

一直以来，用餐时间都是公认的消遣休憩时间，但是优质的网络视频节目，可以达到寓教于乐的目的，让大家在获取物质食粮的时候同时吸收精神食粮。与此同时，人们看完节目，更愿意在网络上讨论、延伸相关话题，进行更深入、更专业的梳理，并且将节目中提到的文史知识，通过自己的记忆、复述，传播给身边很少看网络视频节目的家人朋友，向他们普及知识、推荐节目。高晓松也通过这一节目，展现了自己不仅是一位精专的文艺工作者，同时也是一位博学多才的知识分子。

《晓说》等一系列知识类脱口秀与谈话节目，大大提升了网络节目的文化品位，特别是让年轻一代体会到了读书的乐趣、知识的趣味，为网络空间带来了大量有质量的讨论话题。网络空间是当代人类社会的新公共领域。把网络空间视为一种公共领域，就不应仅仅有消遣娱乐，还应有教育引导和理性交流，这是建设良好公共领域的要求，也是充分发挥网络媒介作用的内在动力。

2. 技术与人文：以新技术观察信息传播，以新媒介重塑主流文化

网络文化是由技术引导的崭新的物质文明和人类文化，其兴起源于技术推动，其发展源于社会需求，而其成熟则基于人文底蕴。推动网络价值引领，不仅要考量其技术属性，还要考量其社会属性。

科技发展带来的生活便捷，让人们不知不觉中愿意将更多本应由人类做出的判断，交给机器和算法解决。而从业者在技术乐观主义和商业利益的驱动下，也乐于鼓吹这一风潮。大数据的收集范围，已经从我们主动发出的文本数据，扩展到被动检测的生理指标，从今天消费了多少钱、在哪里买了饭，扩展到摄入的热量是多少、对此的心跳血压以及情绪反应是什么。基于这些数据，算法告诉我们应当如何饮食，甚至自动屏蔽掉某些它认为不好的食物。我们的生活、行为、情感、思想乃至价值观，都成为可以被度量、计算和预测的"数据"。

马克思·韦伯在对资本主义发展的观察中，提出了"价值理性"和"工具理性"的概念，"价值理性"强调以纯正的动机和正确的手段去达成目标，其结果如何则排在两者之后，根本上是相信一定行为具有的无条件的价值。"工具理性"则强调借助理性判断、达到预期目标为第一要务，行动只由追求功利的动机所驱使，人的情感、精神等价值判断被搁置。《新教伦理与资本主义精神》中指出，新教通过世俗工作的成功来获得上帝的救赎，一度促进了资本主义的早期发展，但是随着社会走向现代化、科层化，宗教所能提供的文化信仰价值不断衰减，工具理性逐渐凌驾于价值理性之上。

当今这个时代，算法带来的工具理性逐渐侵蚀着价值理性的空间，人们让渡了做出决定的权力，不但将外部的一切事务交给机器来运作，内部的思想也逐渐交给算法来安排。缺乏人工判断与干预，机器以数据为准绳，结果是片面新闻、虚假信息层出不穷，偏激看法、极端主义充斥网络，以至于从2016年起"后真相时代"成为全球热词。我们身处一个信息时代，但获得全面、真实的真相的难度却越来越大。解决这一问题，既需要升级、开发新的技术进行识别，也要建设新的网络伦理进行约束。

在这种网络生态中，依托技术、重塑主流成为当务之急。在媒体融合发展的趋势下，以《人民日报》"中央厨房"为代表的媒体融合加速展开，让社交媒体中有了权威声音。2015年正式启动的"中央厨房"，不是机构而是机制，其重要作用不是机构重建，而是机制再造。通过一系列新的流程、新的机制去激活新的产能，有效地满足人们对求真、求全、求实的信息需求，通过重新塑造业务流程、业务机制，让《人民日报》能够适应新的舆论环境和舆论生态。

一方面，"中央厨房"打破了传统媒体的矜持，积极拥抱技术、关注智能。在技术上，基于舆情监测、传播效果评估、用户行为分析等一系列技术工具，《人民日报》"中央厨房"形成了新的工作模式，每天推出传播效果排行榜、热点新闻排行榜等数据报告，供报社决策层和前后方采编人员参考。通过"中央厨房"，各终端渠道策划部署一体统筹、采编力量一体指挥、各类媒体一体发力。有了全网抓取的实时数据，全国各地发生的热点事件能地图式即时呈现。新闻线索不再只是通过记者报题，也可以通过网络抓取、分析。通过传播效果评估、新媒体运营、新媒体追踪和用户画像，每篇稿件有了实实在在的效果评估与反馈。通过数据分析，媒体可以深度了解用户阅读习惯和行为特征，得出用户对新闻的喜好，实现精准推送。借助网络技术的利器，提高了《人民日报》的舆论把控力、采编方向性、决策执行度，完成了传统权威媒体的成功转型。

另一方面，"中央厨房"烹制新闻美味，也极大解放了编辑、记者的内容生产力，尤其是可视化生产力。有了更大的平台、更新的技术，编辑、记者的积极性和创造力被激发起来，他们不断创新表达，生产出一批精品。投入运营三年，仅"中央厨房"建立的融媒体工作室就生产出 3300 多个融媒体产品，产品形式包括文字、音视频、图解、H5、动画、表情包、VR 等，其中不乏大量爆款产品。这些优秀的作品不但成功吸引了受众目光、达成了传播效果，也成为其他各级各类媒体争相学习效仿的模范，促使网络媒体争相开展利用新技术、打开新思路、制作新内容的比拼，反过来又促进了媒体领域的技术应用与开发，完成了文化传播与技术发展相互促进的闭环。

人工智能、虚拟现实、大数据、区块链等科技创新让网络空间变得更加便捷、丰富，与此同时，基于科技创新的文化创意也愈发重要。实践表明，科技创新解决的是物质世界的问题，文化创意解决的是精神世界的问题。两者共同推动网络发展，缺一不可。当代文化与新媒介、新技术的深度融合已经成为趋势，对于网络发展来说，没有科技的文化是边缘的，没有文化的科技是乏味的。

3. 文化与创意：为内容创造合适的形式，让热爱感染更多的人们

网络文化的发展，伴随着信息的爆炸与混杂，这一过程中当然需要人们明辨是非真伪，做出自己的判断、形成自己的思想，但另一方面，对于并无定法的文化而言，也就打破了许多以往的惯性和成见，不同的文化内容和文艺形式在网络平台产生了碰撞，形成了具有创意性的对接，产生了令人意想不到的传播效果。

在通常的印象中，热爱军事、喜欢历史的大多数都是男性，他们表达的方式也特别"硬核"：分析某次阅兵时的各种武器装备、特长参数，讨论最近新闻中的国际局势和政治风云。而热爱动漫、喜欢动物的大多数都是女性，她们偏好浪漫传奇的故事，可爱温柔的萌宠。但是在网络时代，《那年那兔那些事儿》却让这两个不同的群体走到了一起，不但打破了他们彼此之间的刻板印象，唤起了他们共同的热爱，也通过他们的强烈"安利"，把这些故事带给了更广大的受众。

《那年那兔那些事儿》简称"那兔"，是网友"逆光飞行"（本名林超）于 2011 年开始在网上连载创作的系列漫画。林超既是一位漫画家，同时也是一位军事迷，对国产军事装备和中国外交历史十分感兴趣，经常泡在相关论坛上。网友"野风之狼"一篇名为《小白兔的光荣往事》的网络帖子，通过将各国比喻为动物，用说书讲故事的形式，神侃了"小白兔"中国的近现代史，吸引了很多网友讨论。林超受此启发，又长期浸淫在各种军事历史的知识和资料之中，加上作为漫画家的想象力，最终创作出了《那年那兔那些事儿》

这部作品。

《那年那兔那些事儿》将中国中华谐音为"种花家",将中国萌化为一只小白兔,将其他国家拟人化为各种动物,把新中国成立前后,世界军事外交上的一系列风起云涌的重大事件,以漫画的形式一一绘出。因为画风可爱亲切、对白诙谐幽默、情节引人入胜,看成趣味简明版近现代史,一时吸引了大量读者,并迅速被制作成为动画。而随着连载的深入,中国坚韧不拔的奋斗史、风起云涌的外交史展现出了自身的魅力,已经远离战争、远离贫困的年轻一代,通过一只圆脑袋、大眼睛的萌兔,跟随它从被脚盆鸡、白头鹰欺负,到发愤图强取得独立、赢得尊重结交伙伴,一路历经苦难走向辉煌。"那兔"的创作建立在对历史的尊重上,又充满了对民族、国家和人民的热爱,在还原历史的同时,让人们了解到了先辈们为了今日中国所付出的巨大努力,"二刷、三刷,每刷一遍都又哭又笑,心疼他们青山埋骨、马革裹尸还;笑他们苦中犹乐,从不放弃希望"①。"那兔"一时间掀起了网络上爱国主义的热潮,"此生无悔入华夏,来世愿生种花家"成为"那兔"粉丝为之骄傲的口号。

"那兔"的形式为年轻一代与历史之间提供了一种尊重的距离。相比于高中历史课本、大学思政必修中必须学习又千篇一律的论述,"那兔"基于历史又不囿于定论,充分打开了讨论的空间,让人们不断在拟人动漫与历史史料之间研习比对,也在这种比对中丰富自己的历史知识、形成自己的历史观与价值观。萌化的形象让人感觉亲

---

① 娱乐湾驿站."那兔",传说中看一次哭一次,堪比催泪弹存在的动漫［EB/OL］.（2018 - 11 - 04）［2019 - 04 - 16］. https：//baijiahao. baidu. com/s? id = 1616166024775065213&wfr = spider&for = pc

切可爱，故事情节又幽默有趣，不知不觉就能与之产生共情，为之痛苦愤怒、为之激动落泪，从而让对国家和民族的热爱，再次从自己的血肉中生长出来。

十九大报告中指出："中国特色社会主义文化，源自中华民族五千多年文明历史所孕育的中华优秀传统文化，熔铸于党领导人民在革命、建设、改革中创造的革命文化和社会主义先进文化，植根于中国特色社会主义伟大实践。"① 网络文化作为当代中国社会主义文化的重要组成部分，为年轻一代重新认识传统文化和革命文化，提供了新的平台、新的形式、新的动力。他们用自己擅长、喜爱的方式，去感受历史、表达历史、重述历史，用青春的活力和网络的创意，为文化赋予了时代气息，为历史再添了灵动色彩。

网络文化品位不是脱离网络空间而存在的，只有扎根网络空间、尊重传播规律，才能提升网络文化品位，推动网络价值引领。相信知识本身的魅力、相信科技带来的改变、相信青年拥有的创意，这些都是文化自信的基础，在文化自信的基础上，增强文化转型的自觉意识与自主能力，进行适应网络新环境的文化创新，会让当代中国文化更有魅力。

（三）网络流行语与当代文化心态

进入网络时代，生于斯长于斯的年轻一代，作为网络空间"原

① 新华网. 习近平：决胜全面建成小康社会 夺取新时代中国特色社会主义伟大胜利——在中国共产党第十九次全国代表大会上的报告［DB/OL］. （2017 – 10 – 27）［2019 – 04 – 16］. http：//www. xinhuanet. com//politics/19cpcnc/2017 – 10/27/c_1121867529. html.

住民",不断创造出新兴的"网络文化"。他们与从印刷文明过渡而来的上一代人及其"主流文化",不断交流碰撞。

网络文化体现在日常生活当中,最常见的形式就是一个又一个网络流行语。国家语言资源监测与研究中心每年都会发布"年度十大网络用语",这份榜单的评选日程、标准与机制,透明公开:首轮网民推荐(15 日)、次轮专家评选(5 日)、终轮网民投票(10日)。① 而依托教育部和多所高校研究机构的专家筛选与解读,也更加具有学院派的专业性。纵观近年来的"年度十大网络用语",许多社会发展趋势与文化心态变迁,正凝练为榜单上的一个个热词,以"流行"的方式,诠释着网络时代的大众话语与交往理性,展现着当代文化心态的变迁轨迹。

1. 网络流行词中的"亚文化"与"主流化"

种类繁复、数量庞大、迭代迅速的网络文化,每个圈子内部都基于自身文化脉络形成了一套自己的"规矩"与"黑话",这是他们的生态体系与话语体系。很多网络的流行词汇,都会经历从线上爆红到线下流行的路径,通过官方媒体、主流媒体的使用,由小众进入大众、"亚文化"变得"主流化",更有部分词汇经过时间的检验,最终沉淀下来,成为当代日常生活用词的一部分。

人们形容某人某事做得厉害,以前会伸出一个大拇指,表示"棒",而现在则经常伸出大拇指和小拇指,比出一个"六",有时

---

① 中华人民共和国教育部语信司. 汉语盘点 2018 活动正式启动 [DB/OL]. (2018 – 11 – 21) [2019 – 03 – 20]. http: //www. moe. gov. cn/s78/A19/yxs_ left/moe_ 813/s236/201811/t20181121_ 355354. html.

还会轻轻晃动，表示"666"。这一差异，看起来只是表达方式的改变，但如果将它们还原到孕育它们的网络文化生态，追溯它们的演化过程，就能发现这些小小的改变，其实恰是中国社会发展、文化变迁的"活化石"。

"666"是"溜溜溜"的谐音，表示"玩得溜"，最初出现在网络游戏中，常用于称赞游戏播主技术高超、节目效果好。在表达格外的惊叹时，可以连写许多个"6"，以长度来表示语气。因为在游戏交流中，或者观看视频时中途暂停发布弹幕评论，都是具有很高即时性的动作，往往需要在很短时间中完成，容不得太过于复杂的输入操作，在这种情况下，一些约定俗成的缩写形式就会迅速流行开来。又由于弹幕的默认播出模式一般是单方向滚动，长度较长的一段弹幕，其存在感也会更强，因此，重复敲打某个简单字符，以输出一段长度足以引人瞩目的弹幕，也就很容易成为弹幕视频网站用户的习惯。"666"也就借由弹幕视频网站，从亚文化的游戏圈，逐渐影响到了圈外的网络视频受众和普遍意义上的网友。

在网络空间中，和"666"非常相似的还有"233"，它们现在看起来出双入对，都是数字，又都在各个网络平台上出现，好像是一个文化背景出来的，但其实并非如此。"233"最早是猫扑论坛上绘制着一个小人儿"捶地大笑"动作的表情图片的编号。因为知名度很高，而常常被论坛网友以编号233指代，后来在某些并没有预设猫扑表情包的论坛，如百度贴吧等平台，网友也沿用了这一用法，来表达某种开怀大笑的情绪或状态。

智能手机普及之后，在手机端的微信、微博发送表情，都是点击选择，然后文本框里直接出现，所见即所得。但是在网页版的微博里，点击表情，在文本框里出现的则是这个表情的代码，例如，微笑脸，就是英文半角中括号里写着"微笑"二字，在发出之后才转换为图像的表情，所见并非所得。猫扑论坛成立于 1997 年，网页版论坛上，网友通常还都是处在"所见并非所得"的输入环境中，所以 2000 年左右"捶地大笑"表情的流行，呈现的形式不是图像，而是文字，或者说得准确一点，是数字。这是一个非常典型的网络代际更迭的指征。

网络时代从有线到无线，从网页版进入移动端，"233"曾经一度沉寂过，但是随着技术进步，网络环境从文字进入图像，到了读图时代、视频时代，弹幕出现，人们在弹幕的有限暂停和输入的时间中，想获得更充分的表达，打出"233"，甚至"233333"，当然更加便捷，也更加能占据视觉空间、提高识读效率。于是就像时尚潮流十年一循环一样，这个初代网络词汇，今日又焕发了第二春。

"666"这个网络词汇进入日常范畴，是文化的横向传播，是不同趣缘群体之间相互影响，而"233"这个网络词汇进入日常范畴，则是文化的纵向传播，是网络技术与网络用户在代际更迭上的叠加。这两个词看起来长得挺像，使用场所也都很相似，甚至很多语境中还能连用，但是背后的文化脉络是不同的。

但是另一方面，"666"和"233"能在这几年成为并行的热词，也都得益于同样的视频产品的流行。未来人工智能技术更加成熟先进，视频不再是今日的二维呈现，而是 VR 或者 MR 三维立体式的呈现，人们的交流表达也不是需要键盘输入，而是直接语音或者语音转文字，那么"666"也好，"233"也好，它们成为常用词汇的文化土壤消失了，它们可能又会重新经历沉寂。所以这些网络词、流行语的背后，是一套又一套文化体系，它们呈现在词汇层面可能非常相似，但是背后的生长脉络则可能完全不同，在未来的发展方向上，它们可能走过交叉、各自远去，当然也有可能殊途同归，或者始终平行。在蓬勃发展的网络文化中，各种文化社群、文化资源之间网络状纵横交错的文化脉络，才是进行文化研究与文化传播的关键。

网络词汇背后的文化谱系，是"亚文化"进入"主流化"背后的文化力量，而"主流化"接受"亚文化"背后的文化语境，则是另一个值得关注的要点。媒介革命，总会带来指数级别的信息爆炸，印刷术和纸质文明如是，互联网和网络文明亦如是。在这些技术革命、媒介革命带来的信息洪流中，人们词汇更迭的速度大大加快，每天都有大量的网络词汇被制造出来，而人们也能感受到，这些词汇背后有它们的原生群体和文化土壤，每一个新词背后，可能就是以前不了解的一个文化领域。昨天学到的东西，今天会被淘汰，明天又出现了新的事物，这种状态非常轻易地可以给人带来恐慌感。

许多网络营销者认为，人的本性里，有两点是不可克服的，一是贪婪，二是恐惧。抓住这两点，就能在最大程度上控制人心。今日很多互联网营销号，就是依靠这一原理，抓住眼球，控制人心，流量变现。其中非常典型的一个套路，就是"你的同龄人，正在抛弃你"。在刚刚过去的共享单车倒闭浪潮中，摩拜单车被并购，普通民众的第一反应都觉得非常遗憾和可惜：对于"自行车大国"中国，

"最后一公里"的公共交通的确是关乎民生的公共议题。在民众有需求、公管难到位的领域，具有发展潜力的独角兽企业本来前途大好，但是为了发展，需要资金，于是大量资本乘虚而入，以投资换决策权，揠苗助长，杀鸡取卵。一个假以时日就一定能独立做大、再造市场的年轻企业，被卖了身。但是互联网营销号为了夺人眼球、另辟蹊径，于是一篇题为《你的同龄人，正在抛弃你》的爆文横空出世，文章断章取义地引用了张泉灵的《时代抛弃了你时，连一声再见都不会说》。文章以摩拜创始人为例，鼓吹"82 年出生，2015 年创办摩拜，一年后就价值十亿美元，三年后就作价 27 亿美元卖了出去"。逼问读者年方几何、收入多少。其不但将原本多种多样的人生选择简单粗暴地归为一条赛道，将经济收入作为唯一评判标准，而且将这一评价体系中得分靠后的人们指责为"没有格局、没有梦想、没有勇气"。这一"话术"之恶在于，它暗示了先富起来的人们不但要垄断财富，而且要垄断文化，把精英阶层和文化水平的标准制定全部掌握在自己手中。以前都说"为富不仁"，现在则是"穷山恶水出刁民"，加剧阶层固化。

此类文章和风潮，不但是在贩卖焦虑，而且是在制造恐慌。

一方面，在这种社会语境下，"亚文化"承载着"主流文化"中被迫出逃的那一部分，以调侃、戏谑、自嘲的方式解构焦虑，达到自我抚慰的目的，与主流文化深度互补。例如，《人民日报》是义正词严地发表评论文章《没有谁可以轻言被抛弃》，引用马克思的父亲在给他的信中所写的："即使是最幸福的人也有忧伤的时刻，无论对哪一个凡人，太阳都不会永远只露出微笑。"但是网络亚文化则是野路子反击"葫芦娃一岁就能除妖,你的同龄人正在抛弃你","哈利·波特刚出生就打败了伏地魔,你的同龄人正在抛弃你"。

这种戏谑模仿的表达,代表了长久以来网民对一些话题做出回应的方式。首个发声的主体,通常掌握着多数网民不具备的知识、权力与影响力,他们的某些言行,网民能够感觉到有违常理,但又很难进行快速而精准的反驳,于是他们就以这种戏仿的方式进行回应。虽然不能一针见血,但就偏偏模仿你、附和你,甚至比你还夸张、还极端,于是原先隐匿一隅的漏洞,便被不断放大,及至人尽皆知,也就不证自明。

另一方面,"亚文化"又呈现为社会群体在焦虑之中,想要表达吐故纳新、不断进步时,这一动作与行为的对象。人人都害怕被同龄人抛下、被时代抛下:创立不了摩拜,还不会用共享单车吗?不懂日本动漫,还不会认 cosplay 吗?所以网络亚文化呈现在语言层面,成为一种成本最低的进入方式。会用网言网语,成为还没老去、还没被同龄人抛弃的一种象征。

今日社会竞争激烈,经济增长的脚步又在放缓,对于行至中年的人们来说,其实非常不友好。从互联网营销号制造耸人听闻的消息,到匿名论坛真假难辨的发言,再到社交媒体精心美化过后的炫耀,让网络空间常年流传"30 岁应该有车有房,35 岁应该年薪百万,40 岁应该财务自由"这样的人生标准,达不到就是 Loser(失败者)。于是为了逃避"老去",很多身处主流文化之中的人群,拼命地学习和使用网络词汇,暗示自己知道属于年轻人的新兴文化,"亚文化"的"主流化",某种程度上并非真正被主流尊重、理解和接纳，而是作为一种话术和策略，如同"东方学"一样被刻意误读。甚至还包含了彼此之间"我想让你接纳我，但我不想接纳你"的博弈。

因此，"亚文化"的"主流化"，其实是个非常错综复杂的状况，这其中既有媒介革命、代际更迭、文化思潮的变迁，也包含了整个国际局势在全球化之后逆全球化，从而映射到文化和思想层面，内外不一的表现。而文化研究和文化传播的工作，观察当代文化的网络发展，一方面，是希望通过对各种网络词汇的追本溯源，呈现出热词背后的文化脉络，让"亚文化"在野蛮生长的同时，不失去自己的根系，让天天使用它们的年轻一代也能够"求甚解"；另一方面，也是希望"主流一代"可以借此真正了解网络词汇、了解背后的文化，甚至在阅读中调动自己的知识和经验，让主流文化的体系与亚文化的体系产生碰撞和融合，最终比年轻人更懂年轻人。促进不同代际和社群的文化交流，正是文创理念的根本目标。

2. 汉语的时代创造力与文化传播力

与中国互联网发展初期诞生的流行词"GG/MM""潜水/沙发""弓虽"等词相比，今日的网络流行语，已经很少是单纯基于网络技术环境而产生，每一热词都自带复杂的文化谱系、具有特殊的文化来源。国家语言资源监测与研究中心发布的"2018 年年度十大网络用语"中，以词源来分，既有中国本土语言的"杠精""皮一下"，也有外来文化衍生的"skr""C 位"；以阶层来分，既有年轻中产"燃烧我的卡路里"，也有下里巴人强行撩妹的"土味情话"；以情绪来分，既有充满希望与祈愿的"锦鲤"，也有带点淡然和消极的

"佛系"。

这些网络词汇从无到有，从有到红，一方面，表现了汉语的创造力和表现力，如"锦鲤"的旧词新意、"C位"的中西合璧、"官宣"的缩略成词；另一方面，反映了网络文化的强大传播力，反映了小众亚文化走向大众文化、主流文化的清晰历程。

从近年流行"杠精"一词来看，充分体现了网络时代汉语的创意组合与传播能力。北方地区的民间文化中，每年正月十五的元宵灯会，会有小丑坐在轿中，由身强力壮的大汉抬着轿子双杠在人群中穿梭，小丑与游人随机斗嘴打趣，用语言技巧博人一笑，这是最早的游乐项目"抬杠会"。明末清初，由此衍生出了北方方言中的"抬杠"一词，意为强行争辩，多为依靠嘴上功夫、丧失理性逻辑、缺乏积极意义。进入网络时代，互联网中众声喧哗，很多讨论通常没有双方都认可的底线、标准和规范，因而不免沦为"为辩论而辩论"，彼此指责对方"抬杠"。

网络中形容人物的显著特点时，常以"－精"的后缀表示，这一表述起初被广泛使用，源于动画片《葫芦娃》中以"蛇精"形象来指代过度整容、削尖下巴的人，后来"精"脱离"蛇精"一词而灵活出现，如"腿精""睫毛精"来夸张形容明星腿长、睫毛长等特点，语义也从贬义转为中性，甚至略含俏皮。

以"抬杠"与"精"组合成为"杠精"，既形象表达了某人总是抬杠、喜好无意义辩论的行为特征，也包含了"抬杠成了精，凡人能奈何"的无奈和戏谑。这一网络流行语富含中国传统民间文化，生动地反映了当前中国互联网的话语生态，体现了汉语与时俱进的创造力和表现力。

从互联网诞生初期的"大虾"（擅长使用网络的人），表示调制解调器的"猫"（Modem），再到今天的"锦鲤""杠精"，网络空间成为展现汉语创造力最集中的场所，也成为展现语言背后文化最重要的传播手段。许多网络流行语冲破次元、进入了人们的日常生活、口语表达，不断刷新着汉语的表现力、拓展着汉语的可能性，同时也传达着不同阶层的声音、沟通着不同社群的情感，成为时代精神与民族文化的标志性符号。

3. 网络传播中的权威信源多样性与文化生态丰富性

从官方媒体到文娱明星喜欢使用的"官宣"，是"官方宣布"的缩写，原指由政府机构、权威媒体发布某一重要消息，现在已经逐渐泛化为"正式宣布、广而告之"的含义。在这一过程中，话语主体从权力机构变为普通个体，话语色彩从严肃性、终结式、不容置疑，变为平和性、开启式、分享讨论。"官宣"不再是"官"的宣，旧词新用的网络流行，在潜移默化中完成了传统话语权力的转移。

在"后真相时代"里，网络空间中的海量信息真假难辨，"造谣一张嘴、辟谣跑断腿"，新闻反转成为经常现象。在这样的舆论环境下，人们对政府机构、权威媒体等"官方"代表，有着比一般信源更高的信任度。武汉大学学者的《我国主流媒体的公信力现状考察》显示，在电视、报纸、广播、网络四大媒介渠道中，中央级别的传媒机构所得到的公信力评分，都显著高于省级或商业传媒机构，而在所有被考察的 11 家/类媒体中，代表官方的 CCTV 和《人民日报》成为公信力最高的传媒机构。① 因而，网络时代的"官方宣布"消息，普遍具有较高的公信力。

互联网中蓬勃发展的粉丝文化，则借用了"官宣"及这一词汇内含的高公信力。娱乐新闻中经常会出现各种小道消息、八卦流言，粉丝为了维护偶像声誉、圈内团结，常常等待偶像及其经纪团队发布承认或否认的正式声明，然后与之保持一致口径。"官宣"一词，被粉丝文化借用于指代这一正式声明。与"官网""官微"等网络词汇相似，"官宣"中的"官"从政治意义上的"政府"泛化为某种权威信源，即具有对某一事件的最权威解释权的主体。

早在 2017 年，青年演员赵丽颖和冯绍峰就几度传出相恋消息，但因双方均未公开回应传闻，粉丝们无法自行辩驳，只能一直等待"官宣"。2018 年 10 月 16 日上午 10 点 07 分，赵丽颖与冯绍峰同时发布微博"官宣♡"，并以两人的结婚照与结婚证作为配图，公布结婚讯息。因为两位明星粉丝众多，本是传闻的恋情又直接成为婚讯，引来百万级转发、评论与点赞，导致新浪微博服务器崩溃，成为当天的热门事件。"官宣体"借由粉丝文化和明星效应，迅速褪去"官"的政治色彩，成为"正式宣布"的一种修辞方式，并被网友争相模仿。

当日下午 1 点 07 分，博主"军机不可泄露"仿照赵丽颖与冯绍峰的微博，发布"那年，今日，官宣！"，配图我国第一颗原子弹爆炸成功的照片和当年《人民日报》头版。作为一个粉丝四万的军事博主，发布这条微博的最初动机，只是与当天网络流行的"官宣体"

---

① 强月新，徐迪. 我国主流媒体的公信力现状考察 [J]. 新闻记者，2016 (8)：53.

热点呼应。而共青团中央官微则敏锐地意识到了其中的新闻价值，"全微博都关注这一件事情，容易忽略其他的事情，不合适"①，共青团中央官微于当日 13 点 19 分引用，随后《人民日报》、CCTV 等官微也相继发布了类似微博，几大政务微博联动，将我国原子弹首爆纪念日同时送上热点。正当"官宣"逐渐淡化"官方"色彩时，几大传统型官微的这一"官宣"行动，重新强调其信息的严肃性和权威性。从当日的情况来看，"娱乐明星的即时喜讯"与"国家政府的重要纪念"之间，形成了微妙的张力关系，也成了日后"官宣"中具有隐喻意义的典型现象。

网络传播中"官宣"的平民色彩一旦形成，就无法被简单否定，但对其理解经历了一个"磨合"过程。在"黄 V"明星、个人和"蓝 V"政府、官媒间，各方对"官宣"的命名使用与话语阐释，逐渐将其圈定在一个可以达成一致的范畴之中：过度娱乐性的"官宣体"模仿消失，网民既选择以"官宣"展示自己的重要而真实的信息，同时也认可传统官方机构的权威信息发布。事实上，网民个体与传统机构的互动愈发积极与弹性，而网络文化生态的丰富性也愈发突出。

"官宣"一词，经过官方机构与网民自发的热搜、讨论与界定，最终获得了网络时代新的使用规则：当官方机构需要宣布信息时，公众仍旧承认其媒介的公信力与信息的权威性；当官方机构退场进入日常情境时，公众也会毫不畏惧地接过键盘，宣布自己的消息。

---

①　源自共青团中央网络舆论处处长、官方微博负责人吴德祖 2018 年 10 月 31 日在北京大学《网络文学生产机制研究》课程上的演讲，文字记录尚无公开发表，其中涉及的案例分享，经演讲者本人同意，可以用于学术研究。

"官宣"中的"官",保留了正式性,淡化了威权感。

人人都可以"官宣"的背后,更具趋势意义的是网络空间中成长出的青年一代"数字原住民",具有更加强烈的自主意识,他们关注自身的情感与诉求,认为作为个体取得的成就、想要分享的信息,可以承担得起"官宣"的正式与重要。从现实看,这些属于每个个体的点滴"官宣",展现了当代中国青年的多样性与主体性,构成了当代中国发展与进步的整体图景,汇成了更具全球传播力的国家"官宣"与国家形象。

4. 外来词传播的中国文化融合感与网络文化趣味感

中国网络文化与世界各国文化有着紧密的互动,外来语词成为网络流行语也并不少见,但是近年红遍网络的"skr",则并非一个简单的词汇移植,而是经过本土文化改造,形成了中国网络传播语境中的"skr"。

"skr"一词,并未收入正式出版的英语词典,只在美国在线俚语词汇释义词典 *Urban Dictionary* 中有两个解释,一为拟声词,模仿汽车漂移或突然转向时,轮胎与地面摩擦产生的声音;二为语气助词,通常是嘻哈歌手用来表示兴奋、激动、幽默等情绪。[①] 20 世纪 80 年代美国嘻哈音乐的表演中,通常会加入一些拟声词,强调音乐节奏、推动歌曲进程,skr 就是其中之一。在英语环境中,skr 都是一个相对小众的俚语。

2018 年 7 月,《中国新说唱》节目开播,在此前《中国有嘻哈》

---

① *Urban Dictionary. skr* [EB/OL]. (2018 – 07 – 30) [2018 – 07 – 30]. https://www. urbandictionary. com/define. php? term = skr (本词条此后有修订).

强势输出"freestyle"一词的成功先例影响下，有嘉宾屡屡使用"skr"一词，节目组也加以突出渲染，但从传播效果上看并不理想。网民发现，"你的表演太 skr 了"这类将"skr"作为形容词的使用既没有先例，也没有清晰的语义，与此前热词"freestyle"拥有准确的中英释义、使用场景相比，人为捧红"skr"的运作，显然有些生硬尴尬。虽然国人对于外来文化多抱有好奇、乐于模仿，但是没有外来词汇可以生长的中国文化土壤，单纯依靠媒体狂轰滥炸的密集播放、明星疑似误用的反复念叨，想让一个外来语词在中国网络与社会走红，显然是轻视了中国语言与文化的内在力量。

这种填鸭式安利新词招致了人们的反感，网络上出现大量考证"skr"用法的帖子，并以在 *Urban Dictionary* 中添加第三种释义的方式，反讽该节目中的不当使用。而对于无法消化的"skr"，网民以解构的方式，在脑洞大开中赋予了它极具中国语言文化内涵的崭新含义和用法：以"skr"谐音"si ge"，并以此替代汉语中的同音字、近音字，例如，"死个""是个"。于是诞生了"热 skr 人了（热死个人了）""skr 杀，不可辱（士可杀、不可辱）""请 skr 而止（请适可而止）""你真 skr 小机灵鬼（你真是个小机灵鬼）"等用法。这些词句被制作成表情包，迅速在互联网中流传开来。

"skr"原本是美国嘻哈文化中的俚语词汇，但是在中国网络的走红，却并非表达原有含义，而是作为汉语的谐音替代出现，不能不说是一种幽默与创意。更有趣的是，以"skr"作谐音，让原有语句产生变调，形成了拟方言的喜剧效果，再配上以熊猫头、假笑男孩和凤凰传奇为主的表情包，反讽趣味更加明显。最初移植"skr"

的节目与艺人，希望以此增添洋气、时髦、国际化的色彩，但却突出了中英掺杂、硬拗时髦、弄巧成拙的感觉。

网络流行语是海量网民自发传播行为的体现，网络流行文化是网民强大解构冲动下的共同文化取向的反映。多数网民没有能力或兴趣一针见血地指出令他们不适的问题，但是却可以通过戏仿，用大量的重复、比拟、拼接，令问题自身显现，显示出其隐藏的荒诞。

"skr"的另类流行，反映了人造流行、强行移植的失败，再造流行、本土改造的成功。无论是拥有话语权的媒体，还是自带粉丝号召力的明星，如果只做生搬硬套的"文化搬运工"，甚至在东西方之间做低买高卖的"文化掮客"，在当代中国愈发成熟的社会文化生态中或许都只能遭遇表情包的嘲讽。

与"skr"的流行不同，"C位"从小众走向大众，则展示了词汇与不同文化资源结合的生命力。"C位"最早出现在电竞圈，指负责主力输出（carry）的角色，是团队中的重要组成、主力成员。后来在娱乐圈中日本养成系偶像培养机制里，偶像团体登台表演时，舞台中心位置被标记为"0位"，而后占据这一中心（center）位置的成员逐渐被称为"C位"。两种概念的"C位"先后进入中国网络文化的不同社群之中，字母"C"汉语"位"的巧妙结合，无论是在哪一文化社群中，都是既准确地表达含义意思，又很简洁、有趣，被自然而然地使用起来。2018年，表达"中心"的"C位"，伴随《偶像练习生》《创造101》等节目迅速流行开来，乃至迅速走出网络文化、亚文化，成为现实生活、主流文化中的一部分。

中国文化是极具包容性的文化，这种文化特征在中国网络文化中更是如此。但值得注意的是，中国文化以及中国网络文化的包容性是文化自觉与文化开放的结合体。一方面，不排斥吸收外来语词来丰富汉语表达、增添语言活力；另一方面，中国的文化基因、文化自觉也是渗入国民个体行为与民族集体无意识。在当代中国文化传播中生硬的中英混杂词汇带给人的印象，并不是"洋气厉害"，而是"装腔作势"。事实上，缺乏生活气息、文化土壤的外来语词，无法在中国的现实与网络中扎下根来。从近些年的网络流行语看，在深度融入全球文化的中国文化传播中，既扎根中国文化土壤又具有异文化趣味的内容才能成为中国流行文化中的新组成。

5. 成语新解中的传播方式创新与语言生态维护

网络综艺《创造101》在播出时一度成为文娱热点。其中选手王菊在外貌、基础都不占优势的情况下，忽然"逆风翻盘"、爆红网络，吸引了一大批路人粉。除了她清醒独立的女性价值观、相对不错的业务能力，王菊粉丝富有想象力的文案宣传风格也令人印象深刻，成为吸引注意的关键。

起初自称"陶渊明"的王菊粉丝们，在粉丝群内将昵称纷纷改为带有一个"菊"字，数量庞大的带"菊"短语汇聚在群聊截图上，形成了特殊的喜剧效果，在网络上迅速传播。于是王菊粉丝们更进一步，在宣传中将许多成语加以改动——"物以类菊"形容事物都带有王菊的气息，"菊局可危"表示王菊在票选中落后、有淘汰风险，需要大家多多投票，"欢菊一堂"是指王菊得票领先、粉丝欢欣鼓舞共同庆祝……不得不说，这些"菊言菊语"在原有成语的基础上借势改动，让围观群众忍俊不禁，的确达到了短时间内迅速传播的宣传目的。

　　不过与此同时，这样的"词语新解"也引发了人们的担忧和疑虑。就以粉丝名"陶渊明"来说，虽然不着"菊"字，但是却巧妙利用了"晋陶渊明独爱菊"的中国古典文学典故，从刚诞生就令人拍案。但是长远来看，如果将"陶渊明"作为粉丝名称在网络上长期传播，这位昔日的历史人物就不得不"卷入"今日的争议讨论甚至粉丝骂战之中。对于想要学习中国古代文化、了解历史人物的一般网络使用者而言，在信息检索上也会带来很大困扰。于是，收到意见的王菊粉丝也已将名称改为"小菊豆"，与历史人物做出区分。

　　利用成语谐音进行新解，从而达到宣传推广的目的，最早是出自广告圈。如何用短小精悍的一句话宣传语抓人眼球，一直是广告人的大问题。"咳"不容缓、随心所"浴"、默默无"蚊"等广告文案一出，这种成语新解的方式顿时成为又一种解题思路。后来，明星的演出宣传、专辑名称，甚至访谈标题中，也开始将明星的名字嵌套在成语之中做出新解，于是有了王菲的"菲比寻常"、周杰伦的"无与伦比"，也显出了明星的天生霸气。与之相伴，各种谐音成语的综艺节目名称、个体商户名称也如雨后春笋一般兴起。这种形式之所以盛行，当然有其优势：朗朗上口、别有妙处，在雅致和含蓄中点明主题，透出一种文化趣味。

　　现今，网络时代的信息洪流中，粉丝为了偶像的影响力进一步扩大，宣发为了影视作品的知名度进一步提升，也都大量采用这种模式进行宣传。渐渐，原有的成语、词语已经不止有了一个新解，而是过几天就会被替换一个字，过几周就会被赋予一个新含义。于是，早期偶尔为之的谐音谐趣，演变成了极高频率、强行碰瓷式的成语改动。例如，某部带"扶"字的影视剧，为了突出剧名，将成语"表里相符"写为"表里相扶"，解释为"表面和心里都十分相好、喜爱该剧"，已经十分牵强，早已丧失这一方式诞生之初对汉语巧用的妙趣。

如潮水一般的娱乐宣传，常常奉行病毒式营销，成语被大批量、高频率地乱改，让影视作品和名人明星的目标客户学生受众受到了很多不良影响。很多中小学生在作文、默写时，常常不自觉地混淆正误，不但写了错字白字，更影响了对成语的正确理解和使用。因此，国家新闻出版广电总局也下发了相关通知，要求各类广播电视节目和广告严格按照规范写法和标准含义使用国家通用语言文字的字、词、短语、成语等，不得随意更换文字、变动结构或曲解内涵。在偶尔使用中，按照语文书写规范，也应该以引号标示被更改的汉字，以示区别。

中华文明之所以五千年不断，文字是基本载体。正是因为汉语一方面与时俱进，在内容上根据时代的变化不断汇入新的词汇句式，另一方面勾连古今，在书写上传承文脉，今人也能比较容易地识读古人留下的作品。成语作为表达凝练、意味悠长的语言结晶，在改动中能让人感到趣味，其实是建立在人人明白成语原意的基础之上。也就是说，只有人们首先正确理解了原词，才能欣赏改动的幽默。而当"尬改"泛滥，人们对成语也产生误读，文化的基础逐渐丧失，艺术的宝塔又建立在什么之上呢？

对于希望在广泛传播中获得知名度的影视作品和艺人明星来说，

巧妙的口号的确可以让人新鲜一时、大量"吸粉",但过硬的实力、良好的口碑和真正的文化素养,才是让人受益一世、不断"固粉"的关键。在动态中维护语言系统的有机生态,在使用中保持成语俗语的标准阐释,打牢了汉语的基础,才能谈语言的创新、文化的传播。

从哲学上看,流行语不仅是"主体性"的体现,更是"主体间性"的体现。哈贝马斯认为,后者对修补现代性、建设现代社会更具重要意义。网络流行语是时代变化的鲜活标志,是社会文化心态的显著表征,也是社会传播与交往的流行符号。从网络流行语中,可以看到当代中国网络生态的趣味性、中国青年心态的积极性、中国文化传播的创造性,更可以看到当代中国的文化自觉与文化自信。网络热词此消彼长的背后,是技术更迭、生活变迁、社会发展,每个当代社会文化心态的细微改变,都伴随着碰撞、冲突与融合,也为中国文化的创造性转化与创新性发展提供了诸多启示。

(四) 网络文艺的现实主义价值

网络文化在现实生活中带来的广泛影响,除了润物细无声的表达方法,还有屡屡引发全社会大讨论的各种网络文学改编影视。得益于网络文学的高频更新,作者常常能够将当下社会最为关注的问题引入其中,无论是奇想瑰丽的仙侠,还是纵横时空的穿越,或者浪漫旖旎的言情,优秀的网络文学作品能够吸引受众的关键,在于它们都扣紧了当下这个时代人们的欲望与焦虑,背后所代表的情感结构转向与时代紧密结合。

经过影视改编、走向普罗大众的网络文艺，不但在表现内容上的时代性更加鲜明，在生产机制上，也展现了网络时代文学资源在进行 IP 开发、产业增值过程中的开拓性探索。作为机制最成熟、成果最丰硕的网络时代文艺形式，网络文学如何带领传统文艺形式走进网络时代，如何成为其他网络新兴文艺或业态的孵化器与助推器？面对翻手为云、覆手为雨的资本浪潮，在经济上处于弱势地位的网络文学，如何保持自身评价体系的独立性，在创作与传播中明确自身的主体位置？以 IP 为中心的运营模式，一方面在微观角度解构并结构着文艺作品，将局部与片段重新整合运营，形成庞大的数据库；另一方面也在同时展开同个 IP 多种文艺形式的开发运营，动漫游戏同时发展，产业运营在具体形式上呈现出去中心化的云状趋势。网络文学又该如何锚定自己的位置？这些都是值得关注的文创产业问题。

当代网络文艺之所以在受众中广受欢迎，在产业界广受关注，从本质而言，还是因为它从内容到形式，都具有这个时代的现实主义色彩。通过对《琅琊榜》《欢乐颂》系列、穿越小说类型的案例分析，可以深入把握网络文艺在当代中国文化传播中的价值。

1. 《琅琊榜》：网络文化"登堂入室"的曲折之路

电视剧《琅琊榜》改编自同名网络文学作品，这部肩负"超级 IP""山影出品""《伪装者》原班人马"盛名与各路粉丝期待的作品，曾被寄予收视厚望，然而开播之后并不理想的成绩，险些让首播该剧北京、东方两卫视跌出同时段省级卫视收视排行的前十，也曾一度被盖上"扑街"大章。随着故事徐徐深入，观众的口碑由平淡转为称赞，《琅琊榜》在上映几周后的国庆长假上演收视逆袭，随后北京卫视收视破1，次日双卫视破1，《琅琊榜》终于站稳榜首。

《琅琊榜》的收视状况，和主人公梅长苏的幕僚之途颇为相似，江湖有名，庙堂无闻。网络上的青年一代，沉醉于他以病弱之躯扶持靖王、智斗奸佞、昭雪沉冤、重建大业的恢宏传奇，而现实中的传统观众，则对架空历史背景、主人公无所不知的设定，持保留意见。《琅琊榜》并非一部完美的电视剧，然而它曲折艰险的"登堂入室"之路，却反映了当下这个时代，网络亚文化与主流意识形态话语的相互博弈，以及网络文学、人文理想在这个资本时代金钱游戏中的求生之道。

（1）古人"治乱"，今人"搅局"

"我们对历史拥有的唯一责任，就是重写历史。"奥斯卡·王尔德如是说。由古至今的历史小说，不仅是对笔下彼时彼刻岁月风貌的着意记录，更是对作者此时此刻时代精神的无意描摹。因而中国古典历史小说中，"治乱"的结构，与当今网络小说中"搅局"的气质，形成了意味深长的对照。

无论《三国演义》还是《水浒传》，都是以烽烟乱世开篇、天下平定作结。英雄人物在哀鸿遍野、民不聊生中揭竿而起，悉数登场，经过和统治阶层的抗争，或是建立了全新的王朝，或是被统治阶层瓦解，天下终于从乱世进入太平。往昔戎马皆付笑谈，"治乱"主题以过去的故事，证明着当下朝代的合法性与光辉前史。

但是在《琅琊榜》中，主人公梅长苏不是大浪淘尽的弄潮儿，而是太平盛世的搅局者。梅长苏入京之前，朝堂上太子已立、誉王制衡，两方势力互有牵制，老皇帝在权术的平衡中获得至高无上的个人威权。梅长苏不选太子、不选誉王，偏偏选中了边缘之人靖王，挑开了风平浪静表象下暗涌的波澜，让朝堂上的政治势力重新洗牌。于是在钩心斗角之中，沉疴泛起，积弊浮现，过去一团和气的平衡被骤然打破。古老帝国不得不在触目惊心的现实中，开始改革与反思。

真正的盛世并不需要粉饰，反而呼唤改革。网络小说中风行一时的穿越者、重生者，往往都是梅长苏式的搅局者。他们不是传统叙事中的英雄，而是时代进程中的 Bug，他们用新的视角来思考所处的历史，试图抗争"合久必分"与"盛极而衰"，在战争、杀戮、改朝换代之外，在既有的格局内部，寻求温和变革的力量。

（2）用你的方式战胜你，然后重写规则

《琅琊榜》中耿直不屈的靖王，与足智多谋的梅长苏，看似截然不同，实则却是一体两面。梅长苏也曾经是名叫"林殊"的无忧少年，但是阴谋和陷害让他褪去了单纯青涩，开始学会冷静筹谋他的复仇之路。而靖王虽然不善变通、洁身自好，但是对夺嫡与治国，也并非没有自己的期待。靖王所代表的清明理想，必须通过梅长苏的权术计谋才能够实现，这是传统主流话语所隐藏的"痛点"，是千百年来能做不能说的"腹黑"。而梅靖二人对抗太子、誉王，"我用你的方式战胜你"，则是网络文化中的"爽点"，是"吹牛不成反被劈"的"打脸"。

然而，"我用你的方式战胜你"不是结局，"战胜之后重写规则"才是关键。前者是满足于让自己活得好，后者则是致力于让更多的人活得好，按照马斯洛的需求层次金字塔，前者让人获得了中下层次的满足，安身立命、认同尊重，后者则完成了最高层次的自我实现。

《琅琊榜》的反派刻画并不比《甄嬛传》血肉丰满，主人公的无所不知、外挂全开也常常遭人诟病，但是当《甄嬛传》在《人民日报》"比狠斗坏"的批评下，只能辩称自己的主题是反封建时，《琅琊榜》却能在"胜利之后重写规则"这一点上，开拓出新的天地，骤然打开作品的格局。这里不止于"以黑吃黑"，也不只是开启了又一个命运的轮回，而是在"以自己不认同的方式取得成功"的沧桑感、悲剧感之后，获得"破除不公、重建天地"的崇高与升华。

（3）网文 IP 与资本大鳄的相爱相杀

网络文化的"登堂入室"之路，除了要与主流意识形态话语不断碰撞沟通，还要与亦敌亦友的资本市场展开周旋。最近几年，网络文学 IP 的概念成为新的热点，大批经典网络文学作品被影视公司买下版权，号称将其包装为超级 IP、进行全产业链开发，而观众看到的，却常常是原本作为美好记忆的文学作品，被资本一次又一次裹挟，进行杀鸡取卵式的消费，最终粉丝散尽、利润榨干，热度一过，也就无人问津了。

资本并无原罪，大批资本流入网络文学领域，引发官方和民间对这一当代真正大众文化的关注，给了这一领域更多的生存空间与发展机会，未尝不是好事。但商业的本质是利益，网络文学了无顾忌地拥抱资本，难免不会遭到资本的暗中一刀。就当前的网文 IP 运营状况而言，影视公司买下版权，草草制作快速上映，动员粉丝炒热话题，最终迅速圈钱、做一票就跑，成为绝大多数 IP 最终的命运。草率的制作、夸张的宣传、低劣的表演、被改得面目全非的剧情，对于网络文学的忠实粉丝而言，愈加视商业资本为洪水猛兽，对于普通受众而言，对网络文学的印象只会更加恶劣。玩弄金钱游戏的资本大鳄，将自己的雪球越滚越大，而真正辛勤码字，希望用作品给人以愉悦和启迪的网文作者，只能在现有机制下继续"君子固穷"。一次次的恶性循环，让网络亚文化与主流话语之间的鸿沟，在彼此的傲慢与偏见中越来越深。

而《琅琊榜》这部网络文学改编的电视剧，却在一片粗制滥造中，拍出了庄重典雅的正剧范儿。《琅琊榜》并未因其架空历史，而肆意妄为。服饰均有朝代参考，礼服、官服、便服搭配不同场景一一展现，就连头上束发与腰间佩玉，都一丝不苟地进行还原。礼仪更是有专人指导，言谈举止、行走跪坐间营造出浓郁的中国古典韵味。至于梅长苏入狱前，飞流以插花相赠的简单过场戏，所用植物，也是日本民间象征"难去福来"的南天竹，恰恰符合飞流曾在东瀛修习武功的原著背景。如果不是网友认真分析，很多令人惊喜到感动的细节，并不会被制作团队刻意提及，然而正是这些隐藏的妙处，在无言中构筑起了整部作品的精致之美、沉稳之风。

网络文学改编作品，如何让原著粉丝满意，让传统观众接受？不是在剧情中增加或者删除所谓"基情"，不是让结尾刻意回归团圆，更不是捆绑一批有人气有话题的鲜肉小花，给个客串就猛刷话题。恰恰相反，出自"山影"的"正午阳光"制作团队，用一种非常传统、质朴，甚至冒着傻气的认真态度，来面对这样一个年轻人追捧的网络文学题材，最终完成了一个形式上拥有传统美学与古典韵味，内核中却沟通了当代情怀与青年热血的作品。

自 2015 年播出以来，《琅琊榜》一直是网络文学影视改编的标杆性作品，也是大众文化领域长久讨论的一个话题，这不是因为它的收视成绩多么出色，也不是因为它的口碑评价多么惊人，而是源于《琅琊榜》及其制作团队，在这个官方关注、资本涌入、网络文学自身也谋求变革的时代节点，进行了诸多尝试与探索，为后来者提供了新的领域和方向。

2. 《欢乐颂》系列：网络文学该如何延续现实主义

当电视剧《欢乐颂》开拍时，几乎没有人听说过这部原载晋江文学城的网络小说。而在 2015 年那样一个网络文学 IP 疯狂之年，对于将多部知名网文成功影视化的正午阳光团队，选择这样一部小众作品，确实令人略感意外。然而更令人意外的是，几个月之后，《欢乐颂》一炮而红，迅速成为街头巷尾热议的话题之作，不但收视率同时段排名第一，网播量也赶超了此前的大 IP《芈月传》，更重要的是，这部都市题材作品所引发的对中国当代贫富差距、阶层分化、婚恋情感问题的讨论，让它已经超越了一般的娱乐消遣，成为小可检测友情、大可对撞三观的现象级作品。

因此，当《欢乐颂》第一部随着影视改编而爆红，人们对接连开拍的《欢乐颂》第二部的期待，就不只是想看五个女孩如何恋爱失恋、吵架和好，而是期待她们能够在既有的人物性格中继续生发，期待《欢乐颂》系列能够以成长小说的形式，对当今这个日新月异的社会展开持久而深入的观察。但遗憾的是，《欢乐颂》第二部并没能完全达成这一目标。一方面，是《欢乐颂》第二部的作品本身有所不足，第二部在人物性格的多侧面和纵深度上的确有所延展，试图以现实主义的笔法，描绘出当今都市青年身上混杂的光明与阴暗。然而群像式、多线索描写对作家笔力的要求，显然形成了挑战，以致最后情节走向略有失控。而从文学文本到影视剧本的过程中，这一弊病并没有得到有效克服，只是极力圆场，营造出一派其乐融融的大团圆结局。另一方面，作为热门剧作的续作，资本的疯狂干预、广告的过量植入，打破了文艺作品本身的平衡。网络时代的口碑，又高度影响着资本的流向。原本可以独立完成的三部曲式《欢乐颂》，在文艺创作外部力量的往复影响中，最终止步于第二部，不能不说是一个遗憾。作为案例呈现的《欢乐颂》系列，让如何延续文学创作的现实主义传统，如何在影视化、资本热的潮流中坚守文艺本色，成为值得关注和讨论的问题。

（1）现实主义，网络空间延续

中国文学中一直有着现实主义的传统，准确地说，是批判现实主义传统。作家通过自身对现实社会的观察，用犀利的笔触揭开歌舞升平表象下的蝇营狗苟，直指社会的问题和弊端，从而引发人们的反思，也让自身成了社会历史记录的重要组成部分。

但是对于中国当代文学来说，如何延续现实主义传统，却成了一个问题。这其中当然有出版与审查制度的要求，但更重要的是，传统文学脉络中，从作者培养、作品创作到文学出版，一整套文学机制都开始与广大群众脱节，体制内的作家过着无菌般的生活，写出的作品也越来越少有人阅读，离开了现实的黑土，又如何能长出苗壮的麦苗呢？特别是又有一部分创作转向文学自身，致力于写作技法的探索，属于现实主义的土壤就更加有限。

就在现实主义在传统文学领域弱化的新世纪，网络文学的兴盛为现实主义带来了新的空间。网文作者大多不是科班出身，因而来自各行各业的知识、视角、逻辑都被接入进了文学之中，让网络文学的生活气息与关注视角，都呈现出浓郁的现实主义色彩。《欢乐颂》的作者阿耐，机械行业工科生，民营企业高管，因而在塑造"22楼五美"时，并没有太多文人般的浪漫，反而带有阅人无数之后的冷峻。尽管这种冷峻在经过影视的淡化后成了理智，但是其现实主义风格是在《都挺好》《大江东去》之下一脉相承的。

除了《欢乐颂》这样当代都市题材，网络文学的穿越文、宫斗文、修仙文，其实也是现实主义在网络时代的另类表现。《临高启明》作为规模宏大的男频穿越小说，不是背背唐诗宋词换得个人飞黄腾达，而是理科生"工业党"在进行"实业救国"的逻辑实验。《后宫·甄嬛传》看似是古代深宫恩怨，实际上反映着现代人在丛林法则下的生存困境。《花千骨》白子画口中的"天下苍生"，在女性爱情焦虑的虐恋之中，不过是强者逻辑的华丽借口。正是在这些新生长出来的网络文学作品与另类赛博空间中，现实主义的真正血脉得以延续。而《欢乐颂》的走红，则是网络文学的现实主义精神一次身着正装的亮相。

（2）资本当道，网文何以自立

不可否认，无论是对《欢乐颂》，还是对网络文学，影视改编都为其带来了巨大的影响，让小众的趣味成为大众的选择。影视改编、资本涌入，固然为辛勤耕耘多年的作者带来了直接收益，但是很多作品的改编结果却并不尽如人意。或是如《孤芳不自赏》那样，不敬业的制作团队为了搞噱头、圈快钱，牺牲质量、榨干品牌，或是如《择天记》那样，三百万字的小说被删节摘取为五十集电视剧，人物设定南辕北辙，故事情节宛如重写。它们都顶着"知名网文大IP"的名头，却实实在在败坏着网络文学在一般受众心中刚刚建立的形象。

更令人担忧的是，随着网络文学网站的扩张合并，全媒体化的大 IP 运营成为新的获利策略。游戏、影视的开发，造成不少网文作品在创作之初就直奔改编，放弃了作为文学的特性，牺牲了对文字的锤炼，成为游戏脚本或影视提纲式的创作。在网文影视改编之初，之所以能通过影视的力量吸引众多受众进入网文之门，就是因为文学作品有着不同于电影电视的独特魅力，能够提供更丰富的想象和解读空间。如果在资本的浪潮中，网文领域迅速倒地，成为其他文娱形式的附庸，那么整个文学在当今社会的地位，将失落得更加彻底。

对于《欢乐颂》而言，这个问题就更加复杂。在第二部中，文本自身希望达到的深度与实际完成的笔力，确实存在一段距离，因而在改编中，大幅度的重置也可以理解。但是，随着第一部的热映，《欢乐颂》第二部的电视剧中，已经出现了大量植入广告，有的甚至完全是情节植入，资本入侵与剧组谋利的姿态实在是太过明显。过度商业化带来的负面评价，屡次引发社会讨论的敏感话题，都让预计成为三部曲的《欢乐颂》，在第二部后就止步不前。对于《欢乐颂》这一 IP 而言，不能不说是一个遗憾，对于网络时代的文艺创作，如何在资本、影视的夹击下重新探索自己的现实主义路径，也需要吸取这一前辈的经验与教训。

3. 网络穿越小说：在"穿越"中重塑"现代"

人们对于当代网络文化和网络文学的诟病之一，往往是其热衷于讲述"怪力乱神"，对历史切割重述。但这种简单的批评，忽略了这一现象背后的文化土壤与青年人的时代困惑。同样是面对名为"想象"的时间机器，西方当代大众文化中，层出不穷的是关于"未来"的描摹，科幻小说、电影作为文化工业的一种类型，不断成熟壮大，人们用未来科技的铠甲利刃，向宇宙空间与人类心灵进行更加深广的开拓，而中国当代大众文化中，勃然兴起的则是关于"过去"的叙述，穿越小说发展为网络文学的重要门类，改编影视亦成为热点，现代人由于机缘巧合回到古代，参与进历史的建构之中。

然而与齐泽克以为穿越小说能让人"梦想另类可能"不同①，穿越小说，特别是大众文化领域占据主流的女性向穿越文，在浪漫故事的甜软包裹下，潜藏的却是一颗冷硬的内核：无论如何穿越，历史不可改变。与其说幻想另类可能，不如说是在幻想中揭示这些另类可能不过是死路一条。2004 年至 2005 年，晋江文学城出现大量穿越小说，其中《步步惊心》《梦回大清》《瑶华》三部作品更是被称为"清穿三座大山"，而无论大山中的哪一座，主人公都无力改变

---

① Slavoj Zizek. Today Liberty Plaza had a visit from Slavoj Zizek ［EB/OL］. （2011 – 10 – 09）［2019 – 04 – 16］. http：//occupywallst. org/article/today – liberty – plaza – had – visit – slavoj – zizek/.

九龙夺嫡的惨烈结局，《步步惊心》中的若曦，更是带领读者逐步从认同八爷转为认同四爷，完成了择强而从的内在逻辑。这些穿越小说中的爽点，从一开始就不是改变历史，而是认同历史、顺势而为。当小人物与大历史相遇，我们未经交手就已俯首，名为穿越的离经叛道，最终成为一场为历史寻找合法性的招安之旅。

　　"既定"的逻辑既是历史的，也是现实的。历史在时间维度上的既成事实，正是当代社会在空间维度上日益板结的投射。弗朗西斯·福山在冷战结束之际就已提出"历史的终结"，强大即正义、存在即合理，现行的"自由民主"是一种最不坏的制度，所有探寻"更好"的努力，都被视为徒劳无功。而改革开放之后的中国，虽然成为西方眼中可怖又迷人的"另类"，但整个社会内部同样是从激烈变革、勇者淘金，转变为秩序既成、顺者得益。社会中的大多数，距离金字塔底相去甚远，但仰望顶层同样遥不可及，但安之若素地享受物质的餍足，总好过可能一无所有的奋力一搏。

　　这种安之若素的氛围进一步投射进大众文化，就是穿越小说在"强者认同"的阶段之后，进入"尔强尔弱，与我何干"的冷淡。2009 年前后，在"穿越"的风潮中，出现了一批"反穿越"的作品：主人公同样进入古代，但不愿参与，甚至不愿旁观历史的纵横捭阖，只想在夹缝与留白处安然度日。《平凡的清穿日子》即是典型，这篇长达 138 万字的种田文中，细数日常生活中的平凡琐事，主人公婉宁逐渐适应自己的身份、阶层，并全心隐匿在芸芸众生之中，而尝试把握时代、有所作为的穿越者淑宁则最终一无所获。这部作品在漫长的连载中屡屡获得月榜第一，"穿越"热潮的最后达成了"反穿越"的狂欢，人们在服膺认命之后，低头经营一己人生，让热血冷下来，让骨头软下来，把精力放在如何让自己过得舒服上，对时代——既是历史又是现在——的疏离和陌生，达到了前所未有的境地。

从"穿越"到"反穿越"，挥之不去的是"历史不可改变"的梦魇：个人之于历史，或许能够荡起微澜，但绝对不会改变巨流。这一论断不但再次确认了小人物的无力与无奈，更确认了现今秩序的天然合法与牢不可破。"另类选择"的永远遗失，导向的是启蒙主义的绝境："人们很清楚那个虚假性，知道意识形态下面掩藏着特定的利益，但他们拒不与之断绝关系。"① 启蒙理想已然坍塌为一片废墟，整个大众文化与网络文学就是不断为这个苦涩的现实，披上甜蜜的外衣。

然而就是在这启蒙绝境之中，穿越小说触底反弹，尝试在废墟之中重新建构个体与社会的关系，重新定义现代与未来。《知否？知否？应是绿肥红瘦》《名门医女》《书香贵女》等诞生于 2010 年之后的这批穿越小说，并不再以"预知历史"来紧跟潮流、认同强者，也不会用"现代眼光"来看透历史、超然度日，而是将核心从"历史"转移到"现代"，探寻在前现代的背景下，个人的主体性是怎样被一步步建构出来的，现代性是如何从中国的历史中诞生出来的。它们从未否认现今的合法，但目的却并非服膺于此，而是再次树立"现代"的价值、"个体"的意义，在启蒙的废墟中，寻求继续向前

---

① 斯拉沃热·齐泽克. 意识形态的崇高客体［M］. 季广茂，译. 北京：中央编译出版社，2002：40.

的动力。

从网络火到荧屏的《后宫·甄嬛传》（简称《甄嬛传》），虽然并非穿越小说，但却在"宫斗"的标签下，将"丛林法则中的爱情溃败"这个当代命题，演绎得淋漓尽致。现代意义上的"爱情"，缘起于西方中世纪骑士与贵妇间的罗曼蒂克情感，它不止于性的结合，也不指向婚姻关系，更多的是对人与人之间亲密与激情关系的一种探索。及至文艺复兴与启蒙运动，人的个体生命价值被发现和重视，这种对亲密关系的探索开始成为自由与自我的重要表现。《甄嬛传》中的甄嬛，最初正是怀有这种现代式的爱情：初次侍寝，以一双红烛祈求白头到老，出入书房，为皇帝出谋划策扳倒华妃一族。甄嬛以全部身心投入其中，"愿得一心人，白首不相离"。然而，甄嬛在册封礼上误穿纯元皇后旧衣，被暴怒的皇帝打入冷宫，她忽然发现曾经得到的所有，都是"宠"而不是"爱"，她是皇帝心中纯元的替代品，而且永远没有超越的可能。这从本质上剥夺了她作为独立个体的主体性。因而复出之后的甄嬛，阉割掉了对爱情的所有想象，她扳倒敌人、笼络势力，最后以儿女并非亲生的秘密，给予皇帝致命一击。

对于甄嬛来讲，爱情与主体认同紧密相关，然而她却在其中三次失去了自己的身份：先是意识到自己在皇帝心中只是纯元的替身，继而在王爷的爱慕中重获自我后又得知王爷死讯，最后更名换姓、假借身份重回皇宫。回到皇宫的甄嬛，本质上已经成为没有身份的幽灵，而最后皇帝本就是奄奄一息、早晚会死，但甄嬛就是要讲出妃嫔红杏出墙、皇子并非亲生的消息，剥夺皇帝作为丈夫和父亲的身份，对这个反复摧毁自己主体性的巨大的权力，做出最后的反击。甄嬛看似取得了最后的胜利，实际上不过是在彻底的失落中，与历史的化身玉石俱焚。

作为"大历史"中的"小人物"，如何建立主体的价值？穿越在"前现代"的"现代人"，如何找回现代的意义？在《甄嬛传》爱情溃败、主体溃败的谷底之中，《知否？知否？应是绿肥红瘦》（简称《知否》）①则展开了脱离爱情、重塑主体的触底反弹。亦舒在《喜宝》中有句名言："我需要爱，很多的爱。如果没有爱，那么给我很多的钱，如果没有钱，那么我还有健康。"②然而《知否》的主人公盛明兰则反其道而行之："管理好财产，保证物质基础，然后爱自己，爱孩子，爱善意的娘家，偶尔爱一点男人，不要太多，上限到他找别的女人你也不会难过，下限在你能恰到好处地对他表现出你的绵绵情意而不会觉得恶心。"③穿越回古代的盛明兰，很快明白自己庶出丧母的边缘处境，别想嫁个高门大户、十全十美的夫婿，更不要指望爱情来成就自我。因而她一开始就潇洒地与"爱情"二字挥手作别，专心养好身体、学习齐家理财、细察人情世故。在明兰的人生中，爱情与主体是完全分开的，在没有爱情的条件下，

①　关心则乱. 知否？知否？应是绿肥红瘦［EB/OL］．（2010 - 11 - 29，2012 - 11 - 07）. http：//www. jjwxc. net/onebook. php？novelid = 931329. 讲述了现代白领姚依依穿越成为古代少女盛明兰，凭借现代人的理智冷静，在庶出丧母的状态下，与祖母相依，在家族中站稳，并嫁与武将顾廷烨。历经两次政变，最终平定朝纲，二人归隐田园。连载五年后，本书仍以13. 88亿分位居晋江文学城优秀小说总分榜榜首。

②　亦舒. 喜宝［M］. 香港：天地图书有限公司，1984：159.

③　关心则乱. 知否？知否？应是绿肥红瘦［EB/OL］．（2010 - 11 - 29，2012 - 11 - 07）. http：//www. jjwxc. net/onebook. php？novelid = 931329. 第121回.

先保吃穿，后添教养，再有思想，一样可以形成完整独立的人格。

当现代的爱情中负载了太多的东西，搁置爱情、重塑人格，就成为《知否》一文断尾求生的选择。主体意识与自我认同，不必依靠爱情或他人获得，相反，只有先有了现代人格与成熟心态，失落的爱情才能够得到救赎和重生。当盛明兰与夫君顾廷烨谈到"停妻再娶"，顾廷烨哀怨但笃定地称她"你会改嫁"，"顶多哀怨上三五天"但最后"多半也会过得不错"。① 明兰并不需要爱情来实现自我，反而成为爱情与爱人的救赎者。她帮助位高权重但又麻烦满身的顾廷烨从上一代的恩怨、旧情人的纠缠中走出，令他成为可以全心征战的猛将，也让两人间产生了真挚的感情。明兰强烈的主体意识与独立精神，在前现代社会中重新彰显了光彩，也重新定义了爱情。

当《甄嬛传》将现代人的丛林法则、生存焦虑投射入"宫斗"之中，预设了无可逃脱的绝对困境，《知否》则以"宅斗"作为过渡，为这份焦虑松绑。相较于后宫权谋，封建家族的内部斗争，既有同样的钩心斗角、资源争夺，但也暗含了家族作为利益共同体一致对外的可能，以及"宅外"的开拓。而盛明兰能在顾氏宗族间游刃有余，全靠与丈夫顾廷烨彼此信任、团结一心，核心家庭在封建家族中脱颖而出。放下"宫斗"这种小人物与大历史的正面抗衡，转而以"宅斗"体察日常化、市井气的普通生活，在庙堂和江湖间进退自如。《知否》在搁置爱情的前提下，重新塑造出独立完满的现

----

① 关心则乱. 知否？知否？应是绿肥红瘦［EB/OL］.（2010 – 11 – 29, 2012 – 11 – 07）. http：//www. jjwxc. net/onebook. php？novelid = 931329. 第 166 回.

代个体，而"离开爱情，我也能活得很好"并非结局，"更好的我，可以拯救溃败的爱情"才是终点。

如果说《知否》相较于《甄嬛传》，重新塑造了"个体"的价值，那么《名门医女》相较于《步步惊心》，就进一步审视了"现代"的意义。作为穿越小说的前期代表，《步步惊心》中的若曦带着对历史的预知穿越回古代，始终处于"遵从历史"与"改变历史"的矛盾之中，在理智上，她知道历史的胜利者将会是四爷，于是毅然离开八爷转投四爷的怀抱；在情感上，她又想要扭转历史的走向，不断提醒八爷提防各路人马，即使身在四爷阵营也不例外。直到最后若曦才发现，正是因为有了她的提醒，八爷才提前布局以致夺嫡失败，"我总是担心着八爷的结局，可没有料到这个结局竟然会是自己一手促成"①。若曦本以为自己可以和历史有所周旋，却发觉自己早已经成为历史的棋子，被历史所征用。

《步步惊心》与其说是一个现代人闯入了历史，不如说是一段历史邀请现代人来为自己加冕。古代时空正是现代时空的镜像，它们共同映照着个体面对权力、历史与命运的渺小无力，古代时空也正是现代时空的回环，它们共同迫使个体承认历史的既定、秩序的合法，从而封闭一切其他的可能。纵然穿越历史，仍然不可改变，不如安于此刻，享受平淡人生。

---

① 桐华. 步步惊心［EB/OL］.（2005 – 05）. http：//www. jjwxc. net/onebook. php？novelid = 38029. 第 22 章（上）.

　　但是对《名门医女》① 来说，这种犬儒主义并不成立。当不再能通过"穿越"翻阅历史的褶皱，而只能为皇权加冕，《名门医女》选择通过"穿越"发掘"现代"的可能。医生齐悦在出诊途中车祸穿越，成为侯府有名无实的世子夫人。父母双亡、公婆白眼、丈夫冷待，但还好手中抓着出诊的医药箱，青霉素、消毒水、手术刀，让濒临死亡的病患起死回生，也让齐悦在这个陌生的时空重新站稳脚跟。但是，药品会用完、工具会损耗，困在古代的日子却遥遥无期，怎么办？齐悦利用有限的材料，凭借原理与知识，重新提炼药品、制备仪器，更重要的是，普及卫生常识，减少疾病感染，培训医生护士，提高救治水平。传播现代知识的齐悦，获得了古人的尊重与敬佩。而当弟子出师、药品可购、卫生常识也得以普及，齐悦还剩下什么？平等。正是现代的人人平等观念，令她进退之间不卑不亢，也令她不惜和离也坚持一夫一妻，最终令她收获了友人与恋人的爱。

　　齐悦的穿越，是一场现代性的溯源史。当"现代"已经成为现代时空中的本质化存在，那么不妨将它丢入古代，剥去外表、寻求核心。现代器具令人惊叹，现代方法影响深远，然而器具会用尽、方法能普及，最终令一个现代人仍然是"现代"的，还是深入骨髓的观念与精神。特别是在前现代语境中，"现代"的执拗更显出了它的与众不同、来之不易，平等作为现代性的基石，正是为每个个体

① 希行. 名门医女 [EB/OL]. (2013 - 01 - 08, 2013 - 09 - 30). http：//www. qdmm. com/MMWeb/2572176. aspx. 讲述了现代医生齐悦穿越为古代孤女齐月娘，凭借医术获得认可与尊重的故事。截至 2015 年 8 月，仍以 849 万点击在起点女频书友点击榜总榜 33 万余作品中位居第 28 位。

都提供发展的可能，并因此推动历史车轮不停向前，这份现代精神不应该被任何强权暴力压制，无论是过去还是现在。

齐悦和若曦，穿越小说的代际，正是在此产生了根本性的不同。她们一个是被派下乡的失恋小医生，一个是独居换灯泡摔倒的小白领，是现代社会中万千物质餍足、精神匮乏的平庸之人的缩影。《步步惊心》是给她们的一副麻醉剂，命运被定义为不可改变的道路，强权被包装成超越性存在，因此平庸并不可耻、识时务者为俊杰。若曦对四爷的察言观色、温柔讨巧，换得在宫廷斗争中保全自己。她说想做皇后，他说"这件事情我不能答应"，她又说不许再召年妃，他说"这个我也不能答应"①，更可怕的是，她自己清楚这是在"胡搅蛮缠"。若曦对自己是强权的花瓶心知肚明，但甘之如饴。而《名门医女》恰恰相反，现代知识不只是用来"避免最坏的结局"，更应是用来"追求更好的可能"。当人们在"历史终结"的宣告之下，不想成功，只想舒服，不想向命运挑战，只想向强者拜服，那么所谓的现代就已经失去了精神之道，只剩工具之术，这不是历史的终结，而是历史的倒退。因而当若曦最终在古代病逝，火化成灰洒落山间，齐悦却因救人落水重回现代，带着即便身陷异度时空仍然不曾放弃的坚持，重新面对曾经将她放逐的生活。

如果说社会中的部分黑暗面宛若混沌的泥潭，众人争相成为食腐之鱼，以求在弱肉强食的环境中生存下来，那么希行穿越回的这个时空，就是一个洁净的池塘，让人们倏尔发现，秉持着简单的现

---

① 桐华. 步步惊心［EB/OL］. （2005－05）. http：//www. jjwxc. net/onebook. php? novelid＝38029，第20章.

代价值观，可以生存得更加从容、平和，有尊严。从书中的挚友恋人，到书外的当代读者，都生活在巨大的焦虑之中：前者来自前现代，后者处于后现代，但他们都没有一种稳定的规则可供依循，因而对于未来都有种强烈的不安。而齐悦的简单和淡定，就让焦虑中的当代读者感到了久违的轻松与痛快：原来，我们喜欢的还是这样的故事。在社会转轨、价值观异动的当下，网络文学中讲述丛林法则的故事，固然让人们获得了暂时的快感，但随之而来的却是巨大的空虚和悲凉——尽管不能放下手中的刀，人们也同样无法忘记心中的佛。因而，网络文学的社会实验开始触底反弹，作者希行重新拾起曾被当代社会忽视、放弃的现代性逻辑与价值，它们仍然行之有效，仍然存在重新被开掘和利用的可能。

20 世纪末的中国，穿越小说作为大众文化的代表，抚慰人们对于庸常的不甘，虚构曾经挣扎但终无所变的前史。然而就是在整个大众文化想象进入谷底之际，2010 年后的新一代穿越小说，挣脱谷底的温柔乡，叩问历史的阎罗殿，摆脱对个人命运的哀戚自怜，转而重新反思"现代"这一命题。"现代"不是为了让人在任何时空都活得舒服，而是为了让人在任何境遇都称之为人。穿越小说历经三代，终于触底反弹，在前现代语境下，重塑主体意志与独立人格，重寻现代精神与理想信念，试图透过折叠的历史，唤醒当代社会沉睡的灵魂，脱离安于历史板结的谷底。

（五）网络文学的海外传播经验

当今世界的文化交流与传播，压倒性的文化倾销越来越少，双向互动与筛选接受越来越多。文化产品的跨语际传播也逐渐呈现为两个层面，其一为文化产品内容层面，也即作为"产品"，功能性如何；其二为文化产品的价值观层面，也即作为"文化"，意义性如何。随着中国逐步走向世界舞台中央，希望借助文化的传播，让世界各国了解中国、展开更广泛的合作，对中国国产文化产品的要求也就相应呈现为两点，一是提高自身的内容制作水平，二是为其注入具有进步性、普适性的文化价值观念。

随着媒介变革，网络文化成为人们日常生活的重要组成部分，网络文学也不断为大众文化输出 IP 资源，成为中国当代大众文艺的原创核心。特别是在网络空间，畅通而高频的区域交流，让国家与国家、文化与文化之间的壁垒已经远远小于代际的壁垒，中国网络文学诞生于网络文化语境、借助于影视视听艺术，由此衍生的各种文化产品，在中国文化的海外传播中，已经逐渐成为颇具竞争力的中国品牌。

以网络文学的女性向作品为例，我们能够清晰地观察到这一门类是如何接收外来文化影响，在港台通俗文化的滋养之下发端，又是如何在自我提升和自我变革中不断进步，反哺港台、影响东亚、辐射欧美，完成了从被动接受影响，到主动产生影响的成长过程。以女性向网文为代表的网络文艺，在锻造优质内容中产生先进的价值观，从而完成海外传播，同时也在对外传播的过程中，为网络文艺的 IP 开发提供了宝贵的经验。

1. 港台言情开启女性向网络文学

20 世纪 90 年代，台湾在资本主义的高速发展中，从工业化社会进入后工业化社会，消费主义初现端倪，大众文化日益流行，通俗文学成为其中的重要部分。尤其是在商业资本进入出版领域后，大规模、成体系的言情小说出版十分兴盛。希代、禾马、飞象为代表的出版社，每月都会推出二三百部言情小说，每部销量在数千到一万不等，而且大量言情小说不是被个人购买，而是被生活社区附近的租书店购买，从而在快速的流转过程中辐射到更大的人群。这些台湾言情小说一般是 5 万字到 7 万字一本，每本一个故事，采用 64 小开本印刷，便于装入口袋，随身携带，随时阅读，故而又称为"口袋言情"。"口袋言情"从背景到诞生，从形式到内容，都是充分服务于消遣娱乐，并不带有教化性质，对于满足目标读者女性群体的需求，有着高度的自觉。

广东花雨公司是较早发现台湾言情小说市场，并将其作品与模式引入大陆的出版商。曾在 2000 年引进台湾"口袋言情"作品，并在装帧设计上尽力还原台湾风味，以 PS 手绘风格的温婉美女图片作为封面，推出多达 672 册的《花雨》小说系列，一时之间引发轰动。

成立于 2003 年的晋江文学城，是较早建立的网络文学网站，也是中国大陆范围内最具影响力的女性向原创文学网站、全球最大的女性向文学基地。建站初期，晋江文学城的基础资源与早期流量，基本来源于将已经出版的作品扫描成图，再校对为文字，做成电子书放到网站上。这些被扫校上网的作品，很大一部分都是"花雨"系列。

这样的生态环境下，早期网络言情明显受到台湾"口袋言情"的影响。台湾地区经历过长期的日治时期，日本文化在此留下了深刻的印迹，国民党败退台湾之后，又是长达38年的戒严，经济飞速发展，但社会运动和社会思潮几乎没有能够充分酝酿和爆发的空间，1982年才成立当时唯一的带有妇女运动性质的机构"《妇女新知》杂志社"。相较于大陆毛泽东时代的"男女平等"妇女运动，新时期追求爱情自由、个人解放的社会思潮，台湾言情小说中的性别观念，在当时其实是比较落后的。通过花雨系列的书名，诸如《二等女生头等爱情》《风流王爷势利妾》《一封休书怨了谁》等，就可以略知一二。"口袋言情"针对的目标群体，是基数庞大的中学女生和家庭主妇，其流转形式是租书屋成批铺货、快速迭代，在生产机制内部没有提升思想深度的需求，甚至可以说，为了维持这一行业建立在走量不走质上的繁荣，需要数十年如一日地不进步。

与此同时的另一脉络，是伴随着《还珠格格》系列在大陆的爆红，琼瑶作品成为令人瞩目的文化现象。如果说"口袋言情"是只能屈居口袋、偏居网络的功能性文化商品，那么琼瑶作品则是可以改编之后登上银幕荧屏的大众文化话题，因为它们除了以更好的文笔和故事满足了功能性需求，即女性受众对爱情的浪漫想象，而且提供了某种与时代契合的价值观。

20世纪80年代，中国大陆开始经历从禁闭走向开放的社会转型期，人们将对个人解放和个性自由的追求，化为对爱情神话的塑造之上，试图在中国传统文化的家族传统和新中国成立初期的集体主义之外，建立一个以民间道德和个人意愿为标准的新体系。在琼瑶的整体创作历程中，虽然因为个人际遇，前期作品竭力赞颂"小三"，后期作品转而维护"正妻"，但是无论女主人公出于怎样的位置，其获得合法性的核心原因只有一个，那就是爱。因为爱情，天然正义。在琼瑶的爱情观中，为了爱情，可以不顾家庭、阶级，甚至道德伦理，这种对绝对纯粹之感情/个人表达的追求，成为琼瑶全盛期时代精神的代表。琼瑶由此成为风靡一时的大众文化现象，1998 年《还珠格格》之中，活泼好动、天性自然的小燕子，呈现出了"身体"与"情感"的双重自由。《还珠格格》火遍大江南北，以封建皇权挑战者身份出现的小燕子登堂入室，由此"入京"，在文本内外形成了颇具意味的映射，琼瑶的影响力也由此达到顶峰。

不过，在"爱情至上"中建立的共鸣，并不能掩盖其中暗藏的分裂。虽然和"口袋言情"有着"相对雅"和"更加俗"的区别，但是同样诞生于闽南话语境中的琼瑶作品，本质上仍旧在情感结构与婚恋关系中，充满女性对男性的依附。也是因此，琼瑶此前众多作品，在大陆始终红而不火，缺乏跨越代际的影响力。如同《鹿鼎记》之于金庸，琼瑶最后收笔于《还珠格格》，以小燕子的反叛，突破了以往塑造的女性形象，完成了某种程度上的自我提升，也踏上了世纪之交剧烈变动的中国社会中最后一个节拍。

大陆网络言情在此语境下，呈现出复杂的面貌。从台湾言情对大陆网络言情的影响来说，早期进入大陆的台湾言情小说，包括大众领域的琼瑶言情和地下流传的"口袋言情"，都对读者、作者的阅读习惯、审美标准产生了一定的影响。最早出现并流行的网络言情类型，就是高干文、总裁文，其他流行类型还有军婚文与黑社会文。最早在晋江开始创作言情小说，并通过台湾背景出版渠道面市的作品，显然继承了台湾言情的基本格调。

然而，从大陆网络言情对台湾言情的反叛来看，问题又并非如此简单。晋江文学城站长冰心表示，在网站明确地在"扫校"部分之外划分出"原创"部分后，"作者和读者渐渐发生了潜移默化的转变：以前可能大家觉得台湾的小说好看，但事实上我们只是没有给大陆作者提供一个园地"。"自从我们提供了创作园地后，大家的创作热情迅速地得到了释放，几天之内注册 ID 就达到了几千几万号，文章急剧增加。随着此过程的演进，读者的兴趣很快从台湾小说，转移到大陆原创小说。我们当时作为经营者也有很明显的感觉：（早期）'晋江文学城'指的是扫校台湾小说的那一部分，'晋江原创网'指的是大陆作者自己创作的这一部分。文学城的流量在迅速地下降，关注度减少，而原创网的流量像滚雪球一样提高。"① 无论是作者还是读者，虽然接受的是台湾言情的喂养，但并非对其完全满意。这其中既有量上的匮乏——花雨的 672 本作品与晋江的成千上万个 ID，又有质上的不满——经历过妇女解放运动洗礼的大陆女性读者，并不满足于接受台湾言情小说中的爱情幻想，而是尝试表达出自己的感情诉求。

2. 网络文学反哺东南亚和港台地区

女性向网络小说开始脱离港台言情的直接影响，逐渐走上独立发展的道路，并在各个类型此消彼长的迭代之中，不断完成社会思想实验与价值观念更新。观察女性向网络文学至今 20 年的历程，以

---

① 来自 2015 年 3 月 31 日晋江文学城站长冰心在北京大学中文系的座谈，援引内容为现场录音记录。这场座谈后由肖映萱整理成文，发表于《名作欣赏》2015 年第 25 期《晋江文学城冰心站长驾到》。但因篇幅和公开发表所限，删除了一些具有研究价值的细节，故此处直接引用录音记录。

2010 年为界，大致又可分为"破"与"立"两个阶段。2010 年前的前一阶段中，率先诞生的现代背景为主的高干文、总裁文，由继承走向质疑，以不再完美和忠诚的男主角形象，宣告了传统言情琼瑶模式的破产，也以"虐"的特质，表达了女性尝试贴近权力的想象。随之兴起的古代背景为主的穿越文、重生文，女性以爱情之名介入历史，却最终发现历史不可改变，"启蒙的绝境"和"历史的终结"水落石出。2010 年前后的转折时期，基于穿越类型衍生的宫斗文与宅斗文，先是以《后宫·甄嬛传》为代表，将女性感受到的性别困境和生存危机推向极致，迫使女性必须放弃爱情幻想、遵循丛林法则，再以《知否？知否？应是绿肥红瘦》为代表，让从痴心到疑心、从情冷到情枯的女性，在心如止水后获得自足安乐，又在自足安乐中积攒出了重新去爱人的能量，走出了由"破"到"立"、触底反弹的转折。

也正是在这一转折期，中国网络文学打开了海外输出的大门。早期的网络文学海外出版，一方面是面向海外的华语读者，一方面是将作品交由港台地区出版公司出版时，对方出于公司整体发行规划的打包式海外出版。严格算来，只是个别作品与出版公司的海外出版，不能成为"网络文学"出海的例证。直到 2011 年，晋江文学城签订了第一份越南版权合同，2012 年，签订了第一份泰文版权合同，中国网络文学的海外输出，才形成规模和体系。

一旦走出大陆，中国网络文学在海外的受欢迎程度，大大超出人们的想象。2011 年，台湾地区阅读习惯调查结果显示，公共图书馆最常被借阅的"Top20 排行榜"中，起点中文网作家月关的《回到明朝当王爷》《步步生莲》《大争之世》三部作品榜上有名。2012年，他的《锦衣夜行》繁体版位居金石堂武侠历史类畅销书排行榜第一名。围绕着网络文学 IP 改编的影视剧，更是在港台地区屡屡火爆，2012 年电视剧《甄嬛传》引发港台地区收视狂潮，不但台湾首播刷新华视八点档的收视纪录，而且四年重播超过十轮。港台地区的狂热程度，不禁令人回想起 20 世纪八九十年代香港职业剧、台湾偶像剧在大陆引发的流行浪潮，时隔多年，大陆终于实现了在大众文化领域对港台地区的反哺。

在发展中的东南亚地区，几乎所有中国网络小说的代表作品都已翻译出版，知名网文作家如顾漫、匪我思存的作品，更是在越南出版了全集。据越南《青年报》报道，从 2009 年到 2013 年，越南翻译并出版了 841 种中国图书，其中 617 种都是网络文学。① 《仙侠奇缘之花千骨》在国内火爆，还是借助 2015 年的电视剧，而在泰国，2013 年泰文版一经上市便被抢购一空，2014 年泰国书展上更是成为吸引青少年的热门图书。晋江文学城已同 40 余家中国港台出版社、20 余家越南出版社、2 家泰国出版社、1 家日本企业进行合作，平均每个工作日就有一部作品被签下海外版权。

目前，在整个东南亚地区，中国网络小说已经成为深具影响力的外来流行文化，不但有知名度的网络文学大都已被翻译，而且每年新翻译的也在百部以上。总体来看，中国网络文学"走出去"，体现了"自发生长到自觉推动"的特征，即先由民间渠道在网络文化空间中自发传播，达到一定数量后形成论坛、安营扎寨，最终引导

---

① 郭悦. 中国网络小说在越南遭遇"冰火两重天"？［N］. 青年参考. 2015－06－03.

资本打开通路，引发官方关注支持。相比于传统的中国文化出海，网络文学的海外传播是在没有政府和资本保驾护航的情况下，"水滴石穿"、自然而然地进入了这些"老外"读者们的日常生活。这样的交流促使我们反身自问，中国网络文学的国际传播特殊性究竟在哪里，在网络媒介环境中应该如何更好地推动中国文化传播。

中国网络文学的海外传播看似是意外之喜，但更是一个水到渠成的过程。国家的兴盛与对外影响力的提高，从来都是相伴相成的事，没有30多年来中国国力的日益复兴，没有20年来中国数十万职业网络小说作者的不懈笔耕，就不可能有中国网络文学的海外走红。借助新媒介变革的力量，中国网络文学拥有了"弯道超车"的潜力。这不只是让中国传统的类型文学率先进入了网络时代，从而具有了网络媒介文化的先进性，展现了文学在网络时代可能的繁荣形态。更重要的是，这一事实让我们反思：在网络时代，为何中国网络文学在全球"风景这边独好"？为什么文化发达的欧美没有网络文学，或者至少不那么兴盛？

在当代文化、大众文化领域，我们长期属于被影响、去学习的状态，习惯"以洋为师"，对土生土长的、具有鲜明中国特色的网络文学仍旧不够自信。网络文学继承了中国历史悠久的通俗小说传统和古典文化精华，是中国优秀传统文化文脉的现代转化与延续。与此同时，更重要的原因是，当代中国社会带来的网络物质基础产生的"网络性"，让中国网文跨越了国界和文化的阻隔，拥有了走向世界的力量。准确说，中国网络文学充分体现了当代文创理念在推动文化传播时的创意性、科技性与生活性。中国网络文学大量优秀作品出海的土壤，是与其配套的、具有原创性和生命力的生产机制，这也是此后各国建立网络文学网站，翻译中国网文或展开本土创作时学习和模仿的重要范式。

网络文学在中国港台、东南亚甚至东亚的广受欢迎和规模输出，不仅是作品在内容和技术层面很好地满足了人们的需求，让想哭的人们哭，让想爽的人们爽，更是因为借助网络空间，网络文学的参与者们不断对现实问题展开思索和回应，在小说创作中进行想象性的社会实验，不断孕育出进步的价值观念。通过价值观的更新，带动类型文的迭代，更好地体察并满足人们在功能性上的需求。

共处于大中华文化圈，面临传统儒家思想与现代社会发展的相似问题，生机勃勃的网络文学，反映了当代中国人对现状最深切的体认和描摹，对问题最深入的思索和探求。特别是在东亚传统文化影响下，当代女性的欲望与焦虑，成为东亚各个地区共同的话题。东南亚畅销的网络言情小说，尽管和网络上的连载相比仍有滞后，但是仍然清晰地勾勒并传递了中国网络女性主义的诞生与发展，带动的是《杜拉拉升职记》等职场小说、追求女性独立的作品的兴盛。这些中国当代大众文艺的海外输出，不仅是完成了海上"一带一路"的文化交流与传播，也不仅是在中国大陆接受港台流行文化输入三四十年后，开始将自身成果输出，更为重要的是，随着经济水平发展，社会之中的性别意识正逐渐转变，西方的女性主义解放经验，对于东亚文化圈的现实情况，并不完全适用。此时中国大众文化中所开展的性别讨论与实验，所产生的女性独立观念，恰为同为东亚语境下的各个国家，甚至包括先发之国日韩，提供了宝贵的素材与经验，是中国文创成果与价值观的双重出海。

3. 当代文艺走向欧美地区

以女性向网络文学为主的东亚传播之后，近些年来，以男性向网络文学为主的欧美传播也逐渐发展壮大。2014 年 12 月，北美专门翻译中国网络小说的网站 WuxiaWorld（武侠世界）上线，迅速吸引了英语文化圈的读者，目前，WuxiaWorld 在 Alexa 全球网站点击率排行榜上排名 1000 左右，日均页面访问量达 1500 万量级，已经成长为规模最大的中国网络文学翻译平台。根据 Alexa 统计数据显示，WuxiaWorld 在网站的读者构成中，40% 来自北美，25% 来自东南亚，35% 来自西欧，总计遍布全球一百多个国家和地区。

在 WuxiaWorld 上，熟练掌握双语的网文读者自发结成翻译小组，将中国网文网站上连载的作品翻译成英文，以飨异国读者，而读者们为了感谢译者的劳动，也会自愿捐赠数额不等的款项作为回报。网站的创始人赖静平在接受访谈时表示，起初作为美籍华裔，为看武侠学了中文的译者，他是完全自愿、免费翻译给大家，但是读者太过热情，想要支付费用，而他又被不断催促更新，于是他就学习中国网文网站的"打赏—催更"机制，每周 2—3 次更新，打赏再加更。本以为这样就能不再被催，结果没想到，第一周竟然不得不根据约定更新了二十多次。①

《盘龙》《我欲封天》《凡人修仙传》等玄幻、修仙小说受到追

---

① 来自 2016 年 7 月—12 月，赖静平接受北大网络文学论坛的采访、会谈与课堂讨论，部分相关内容参见：吉云飞：《"征服北美，走向世界"：老外为什么爱看中国网络小说》，《文艺理论与批评》，2016 年第 6 期。

捧，带动了英文读者们了解中国文化的热情。在 WuxiaWorld 的讨论版上，中国道家理论被用英文深入浅出地解释出来，太极、两仪、四象、八卦图文并茂，英文粉丝们互称"Daoist（道友）"。作为阅读小说的背景介绍，对中国传统文化的解说，并不强调特性，而是强调共性，目的是让读者迅速将中国文化整合进自己既有的知识体系当中。然而这种"无心插柳"式的传播，却让很多读者对了解中国文化被隐藏起来的特性产生了自发的兴趣，版面长年有帖子询问学习中文的难易程度和具体方法，也逐渐产生了更多不拘泥于小说背景，而开始系统介绍中国传统文化的文章。

多年以来，国内的字幕组、翻译组将欧美日韩的作品翻译进来，现在，有了外国朋友将中国网络文学翻译过去。而且，其完完全全是民间、自发的活动，并且已经形成了一定规模与影响。WuxiaWorld 并非个例，在全球各地，类似网站已经有上百家之多，规模仅次于 WuxiaWorld 的 Gravity Tales 总点击量也超过了 2.5 亿。以网络文学为核心的中国当代文艺，正在面向西方世界，试图走出新的海外传播路线。

在战略投资 Gravity Tales、大量吸收前者的北美资源后，2017 年 5 月，阅文集团的"起点国际"作为面向海外读者的网络文学网站正式上线，开启了国内网文网站全面、主动国际化的发展道路。而起点国际的初期发展，也很好地反映了网络文学从深耕已久的亚洲地区向下个蓝海欧美地区拓展的发展轨迹。起点国际目前的全球各地用户比例，约为东南亚 51%、北美 27%、欧洲 12%、其他 10%，男女频作品数量约为四六开。对于阅文集团这样一个男性向作品资源更加丰富的平台来说，出现这样的比例倾斜，在战略层面说明，英语世界的海外传播中，面向女性的言情小说仍旧是打开传播大门的重要阵地。从起点国际活动区的线下交流来看，也能发现位于新加坡、马来西亚等既是大中华文化圈的东南亚国家，又是高度国际化、具备向欧美地区深度传播能力的国家和地区，成为地面推广活动的主要举办地。

一个值得注意的现象是，起点国际的众多作品类型标签中，"History"大多为古代言情，"Romance"大多为都市言情，读者讨论区十大热门话题也是"女性作品入侵前 20 名"。一方面，这些现象说明，在海外读者的自发筛选中，情感充沛的后宫故事和江湖传奇，仍旧是他们心中"中国历史"的代表，这既是传统东方主义的暧昧遗产，又是可以借此重塑中国文化形象的领域。另一方面，国际秩序中的"中国"，与社会领域中的"女性"，其实共享着相同的权力关系，女性作品令人侧目的"入侵"，也正在全球市场秩序中，尝试为"中国的崛起"提供更为宏观层面上的自我阐释和话语资源。

如同在大中华文化圈都引发反响的《甄嬛传》，其影视版被美国视频网站 Netflix 引进，呈现出了复杂的解读空间。特别是"甄嬛出海"被美国这一发达国家的知名视频网站购买，在《甄嬛传》播出后饱受价值观争议的档口，为其赢得了一定的生存空间，成为其具备合法性的关键例证。然而在 Netflix 的美式改编中，76 集的长篇连续剧被精简成 6 集 90 分钟的短剧，并在叙述方式上整个变为"白头宫女在，闲坐说玄宗"的回忆，显然已和《甄嬛传》网文升级打怪的宫斗爽感模式不同，而"一丈红"（The scarlet red）、"臣妾做不到啊"（I truely cannot bear it）等名词与台词的字面翻译，也并未能恰切传递中国文化与作品本身的意蕴。"美国化"的改编并未能复制中国式的成功，"甄嬛出海美国"反响平平，这也为中国网文的海外传播提出了许多新的挑战。

从受到港台及海外文化影响而发展，到逐渐反哺港台、辐射欧美，中国网络文学与大众文艺的海外传播前景光明，不过在从东亚地区泛中华文化圈到面对欧美基督教文化圈，网络文学的自身发展与海外传播，仍旧面临着一系列问题。

第一，由民间开展的海外传播，存在大量版权问题。在前一阶段的海外传播中，由于东南亚小语种，翻译和引进多数还是通过正常的版权交易渠道进行，晋江文学城等东南亚版权输出大站，也积极开拓海外版网站。但尽管如此，随着网络的发达，网络文学衍生影视作品的版权仍然无法得到保护，《延禧攻略》①国内首播期间，在越南的视频网站甚至出现了盗播现象。而欧美地区的版权问题则更加严重，WuxiaWorld 目前翻译的网络小说，在翻译前均未得到作者或网站的授权，后期因与阅文集团进行商业磋商，部分获得了谅解性免责，但总体而言仍未找到长期发展的路径。Gravity Tales 则被阅文集团战略性收购，成为其海外版图的一部分。如何在保护民间传播者的积极性与保护版权、传播中国文化与获得合理收益中取得

---

① 电视剧《延禧攻略》的片头署名编剧为"周末"，在该剧热播期间始终未有官方介绍和宣传，根据于正工作室的介绍，"周末"曾担任《凤囚凰》的编剧。根据此前的资料，《凤囚凰》的编剧为秦简（真名周静），因其曾身陷抄袭纠纷，周末疑为其启用的另一笔名。《延禧攻略》并非根据某部网络文学作品直接改编，但在爽感模式、生产机制、主创作品序列等方面都明显脱胎于网络文学资源，故将其作为网络文学衍生影视的案例。

平衡，是亟待解决的问题。

第二，海外传播贪大求全，盲目崇拜欧美导致资源错配。随着"中国文化走出去"的国家战略推进和各级政府支持，许多网文网站、制片机构首选将文化产品输出欧美。如《后宫·甄嬛传》登录美国视频网站 Netflix，《如懿传》在美国福斯传媒电视频道播出。然而虽然购买方是欧美公司，但主要针对的受众仍旧是华裔群体，海外传播的效果并不尽如人意。反而是东南亚由于和大陆地区的文化亲缘，在分发传播、评价认同和经济回报上，都更加积极。晋江文学城 CEO 刘旭东表示，"我个人认为不是非要把作品输出到欧美才算成功，那是文化不自信的表现"①。在海外传播中，避免资源错配，以效果为最终衡量标准，是需要注意的问题。

第三，尽管以网络文学为代表的当代大众文化在"走出去"的过程中开疆拓土，但并不意味着这些作品就没有问题。例如，在《延禧攻略》中，虽然魏璎珞、富察皇后等人物金句频出，但在通过添加诸多当代价值元素，满足观众的情绪投射和发泄之后，这些作为亮点的当代价值元素，并没有与全剧的架构和结尾很好地融合，对封建等级秩序价值观的挖掘还能更深一些。同样的例子也出现在《如懿传》，在对帝王无情、后宫冷酷的刻画之后，仍不免流于对宫斗手段的野史猎奇、夸张渲染，甚至比《甄嬛传》还要后退了半步。这也是相关"清宫"题材影视剧的通病。女性向网文在揭示与批判女性面临的困境时，常耽于具体的现状描摹，反而显得成为鼓吹和

---

① 舒晋瑜. 中国网络小说到底"走出去"了没有？走到哪儿去了？［N］. 中华读书报，2018－09－02.

认同，男性向网文在小白爽文大行其道，坚持不进步以获得最大数量的非精英读者与收益，这些都是网络文学与大众文化发展至今的通病，也是长远发展的问题。

从博采来自中国港台、东亚、欧美的文化资源，到孕育、成长出具有中国特色的当代大众文艺，再到将这些优秀的文化成果与先进的价值观向海外输出，并获得各国受众的关注与认同，中国网络文学的海外传播历经发展，取得成果的同时也面临问题。"打铁还需自身硬"，扎根于对中国民众所思所想的体察与满足，不断以类型更新、自我进步创造新的价值观念，才能提供对内具有感召力，对外具有传播力的文化产品。这将是一条不断延伸的探索之路。

（六）网络媒介传播中国传统文化

中国文化的传播，在"万物互联"的当代，正与各式各样新的形式相结合，凸显文创理念，形成文创新业态。以抖音为代表的短视频，将与现代人越来越远的传统技艺，以生动的影像重新带入青年一代的视野。以网易为代表的游戏公司，将传统文化民俗、古代生活场景，以严谨算法和精细建模，润物无声地编织进电子游戏之中，熏陶着青年一代。以网络科技传播中国传统文化，正成为一种趋势。

1. 抖音：让传统文化进入网络时代

传统文化短视频的流行是 2018 年现象级的新媒体事件。从文物国宝在短视频平台抖音的流行开始，京剧、国画、敦煌艺术、国乐、诗词、舞蹈、皮影、武术、传统工艺等各种传统文化变身"UGC"

（用户生成内容），融入互联网时代的日常交流，使得传统、现代、后现代交流碰撞，生发出独具特色的传播创新。

在短视频出现之前，无数的传承人就在尝试多种方法推动传统文化的大众传播和再生产。有些努力颇见成效，但还有很多传统文化领域仍处于"半沉寂"状态。戏曲电视节目收视率低，手工油纸伞销量不佳，缂丝艺术难寻继承人。它们需要更多人，尤其是年轻人的关注和喜爱，才能传承下去。进入短视频时代，传统文化的内容和现代科技有机结合起来，辅以短视频平台丰富的话题活动，用短视频实现了传统文化的爆炸式传播。

传统文化在短视频平台的流行，来源于其自身的魅力，但是也与短视频平台的运营密不可分。2018 年，抖音运营团队发起了多个与传统文化相关的线上活动，引导并鼓励传统文化相关内容在抖音上的传播。累计播放量过亿的话题挑战共有十个，涉及戏曲、国画、皮影、民乐、诗词等多个传统文化门类。

除了线上活动，抖音平台上还积累了大量的传统文化视频创作者，为日常的文化传播提供源源不断的优质内容。成立三年，抖音平台上粉丝过万的传统文化视频创作者超过了 2000 人，粉丝量超 50 万的传统文化明星传承人超过 400 人。头部作者集中分布在书画、手工艺、戏曲、武术、民乐等领域。

这些热门的传统文化领域可以精炼为四个字："唱、念、做、打"。"唱念做打"原指戏曲表演的四项基本功，如今在抖音上也可视为传统文化的四种基本展现形式。

"唱"是指以音乐为载体的传统艺术，如戏曲、古风音乐、民乐。戏曲在抖音平台的传播中，呈现出两个新的特点。首先是戏曲脸谱的特效化。脸谱是我国戏曲文化的重要组成部分，是高度抽象化的艺术符号。为了方便普通用户实现戏曲装扮，抖音设计了脸谱特效，包括了川剧的变脸特技，以及京剧"生、旦、净、末、丑"各个行当的脸谱。其中京剧武旦的特效人气最高，使用次数超过了1500万次。其次是戏腔的流行化。戏腔逐渐作为一种音乐元素风靡抖音。这既表现为传统戏曲音乐使用人数的猛增，又表现为抖音热门流行乐的戏腔化。《琵琶行》中的戏腔片段"大弦嘈嘈如急雨，小弦切切如私语"，在短视频中配上形象的舞蹈动作，吸引了百万人的模仿，其中不乏外国友人。

"念"是指念白形式的表演，如诗词吟诵、皮影剧。以诗词为例，传统诗词的教学方式让部分学生逐渐失去了对诗词歌赋的兴趣。而在短视频平台上，名师通过对诗词通俗化、幽默化的讲解，降低了诗词的理解难度，提升了诗词的趣味性，受到了抖音用户的热烈欢迎。华中师范大学的戴建业教授，就以独具个人风格的讲解方法，通过15秒的短视频让古典诗词火遍了抖音，让更多的人爱上了古典诗词。

"做"现可引申为手工制作，画作和书法创作。对于一些工艺更加复杂，入选国家非物质文化遗产的手工艺，进入大众的日常生活却成了难题。它们有的被视为高端艺术品，远离大众日常生活，有的因区域性和民族性的特点，很少有向大众展示的机会。短视频时代的手工艺传播呈现出更加人格化、个性化的特征。众多非遗传承人开设了抖音账号，成为抖音的非遗艺术的"代言人"，主动进行非遗艺术的宣传和个性化解读。对于一些工艺复杂，尤其是入选国家非物质文化遗产的手工艺，如缂丝、盘纸，制作周期长，工艺复杂，难以现场展示。在短视频的帮助下，这些工艺被配上音乐，实现了浓缩且生动的呈现。用户不仅了解到手工制作的高超技艺，还认识了更多的小众艺术。

"打"一般又指舞蹈化的形体动作，包括传统舞蹈和舞蹈化的武术动作。武术是抖音上播放量最高的传统文化门类之一。数位身怀绝技的武术师父纷纷入驻抖音，如少林寺释延淀师父、释延靖师父，峨眉派玄虎门传人阎玺。抖音上聚集着大批传统武术和武侠剧的爱好人群，为传统武术的传承和传播提供了良好的生态环境，抖音上名门正派的展示和讲解，也为他们打开了正确欣赏、学习武术的窗户。

传统文化在时下最火热的抖音平台的流行，让我们认识到：传统文化其实也可以是流行文化。传统文化的业余生产者和专业生产者，都可以通过短视频传播链条，形成协作式生产关系，最终形成雅俗共赏的视觉文化图谱，传播中华文化。

2. 网络游戏《逆水寒》：国风古韵背后的技术攻关

将中国传统文化、美学以及价值观融汇于现代语境，并不是一件容易的事。这其中既需要对中国文化的透彻了解，也需要充分掌握当代社会传播规律与媒介技术。网易公司于 2018 年出品的武侠题材电子游戏《逆水寒》，呈现出的是栩栩如生的北宋年间市井生活场面，但其背后却是技术团队为了创造性地呈现古风古韵，而完成的一次次技术攻关。

《逆水寒》以温瑞安《四大名捕》《说英雄谁是英雄》《神州奇侠》三大系列小说为游戏背景,讲述了北宋末年一段惨烈的大追捕,并牵扯出江湖恩怨、朝堂纷争、帮派仇杀、感情纠葛、市井百态等北宋背景下的江湖传奇。

为了还原真实的北宋市井,制作团队充分学习了中国古代历史文化。在宋代,"凡有井水饮处,皆能歌柳词",柳永的词在北宋流行一时,而且常常经过谱曲,被人们作为歌词传唱。因此,游戏制作团队不仅根据当今学者的研究,复原了柳永各词的曲调,同时还经考据,为其搭配了曼妙的舞蹈。游戏之中,绝世美人李师师这个角色在甜水巷一出场,便为玩家献上了一段动情演绎的《雨霖铃》。

而李师师这个游戏中虚拟角色的背后,是国家一级演员、青年艺术家唐诗逸的真实表演。和特效电影一样,《逆水寒》率先运用好莱坞级实时动捕技术,生动拟态真人动作细节。直接绑定游戏模型同步输出画面,运用全球分辨率最高的 Vicon 动作捕捉相机协同工作,允许同时进行多人全身捕捉,由 Shogun 软件提供最终高质量的骨骼数据。在李师师舞蹈段落的制作中,就采用了先进的 Vicon 动作捕捉技术,将真实舞蹈演员的倩影同步映射进了游戏当中,从而力求透过虚拟的人物形象,也能让玩家感受到中国古典舞蹈的魅力。

除了重要角色李师师的动人舞姿,游戏中大小人物的服饰也经过精心制作。游戏美术组研究了汴绣、杭绣、蜀绣、京秀、双面绣等中国古代名绣的原理和展现方式,将每种布料的质感特点一一列出。在制作中,游戏利用多项黑科技,把布料细节做到了极致。比如丝绸材质,就利用 GGX Anisotropic 进行渲染,相比一般渲染方式有更丰富的高光形状。利用材质 detail maps，增加近距离材质细节表现。再配合 hdr 和 bloom 表现出生动的发光效果，真实感极强。

而这些布料"缝制"出的衣服，也绝不是只能静看、不能运动的呆板图像。《逆水寒》中柔布效果同样十分出色，已经达到了 CG 级别。得益于先进的 Havok Cloth 技术，衣料实现了动态实时模拟物理效果，每一块布料综合重力、肢体运动、风力等因素，随着玩家的操作，更加真实地呈现相应的效果，从而达到完全拟真的效果。柔布技术的另一大好处就是"不穿模"。玩家在操纵角色坐下的时候，柔布与地面、石凳等物理刚体进行碰撞检测，就会自然而然地摊开而不会出现布料图案穿透到了地面、石凳图案里面的"穿帮"。而这个柔布与刚体连续碰撞检测技术，更能解决高速运动时穿模的"国际难题"，玩家在骑马、舞蹈时也同样能做到不穿模。

更有趣的是，《逆水寒》还加入了大家期待的湿衣效果，当玩家在汴京偶遇一场雨，雨丝沾衣，抑或在三清山下河摸鱼，水珠入怀，都能观察到衣服变湿后的效果，刚出水时，一滴滴晶莹的水珠也会顺着衣摆或指尖悄悄流下来。这个作为"彩蛋"的效果，也十分细腻。

这些看起来十分细微的呈现，最终汇集成了古韵浓郁的《逆水寒》。一部中国风电子游戏的制作，不仅是制作团队学习中华传统文化的过程，更是将这一形式用先进的媒介与技术重新呈现、再次传播、赋予生命的过程。当代人、年轻人，可能很少有机会亲眼看到高水平的中国古典舞演出、亲手摸到不同丝绸刺绣的服装，但是通过游戏潜移默化的熏陶，这些中国古代文艺的美，却已经如种子一样种进了他们的心田。

第四章

文创发展与中国文化传播

　　文创理念的诞生与发展，离不开文创产业这片土壤。文创时代 IP 模式的产生，为我国的文创行业打开了新的局面，文创行业不但因此打通了多个不同的文艺领域，实现了文学、影视、动漫、游戏、综艺、文博等资源共通、协同发展，将 IP 进行全领域开发，充分激活文化创新创意的能量，而且中国独具特色的 IP 资源也吸引了大中华区、东亚地区甚至世界范围的关注，这其中既有大陆学习、借鉴其他地区文创领域发展经验，也有大陆的创新机制向外输出、中国文化海外传播。

（一）华语类型电影的中国文化内涵
　　当代华语类型电影的发展无疑是文创产业发展中最具显示度、增长度的领域。以下以台湾地区电影《我的少女时代》与大陆青春电影、大陆电影《嫌疑人 X 的献身》与东亚推理电影的两组案例分析，深入解读在中国电影商业化、类型化的发展过程中，我们所拥有的文化资源、市场状况、成功经验与需要面对的问题。同时，以电影《大鱼海棠》为例，来分析电影对中国哲学与美学的传承与传播。

1. 青春电影与当代文化心态：以《我的少女时代》为例

在豆瓣电影的评分中，很少有青春电影，能够获得7.5分以上的评分，大陆青春电影的评分更是常年徘徊于5分之下。而台湾青春电影《我的少女时代》却一度获得8.2分的赞美，多年之后，评分也稳定在7.8分。与之相伴，《我的少女时代》在台湾地区席卷4亿新台币，在大陆同样收获了3.8亿票房。这部电影用无数个动人细节和粉红泡泡，赚足了各个年龄"少女"们的欢笑和眼泪，也在《那些年，我们一起追的女孩》之后，让台湾地区的青春电影从"小众文艺"逐步走向"商业类型"的探索之路，更加清晰明朗，更为大陆近年风靡一时、吸金不断，却又饱受诟病的青春电影，提供了另一种想象空间。

（1）从"青春"中寻找改变的力量

《我的少女时代》中，整部电影的高潮，就在校庆大会上，女主角林真心为男主角徐太宇被诬作弊打抱不平，走到台前故意违反校规，自请违纪处罚，而男神、好友、同学乃至校花情敌，都依此挺身而出，用自请处罚来表达对不合理规章制度、不人道教育方式的抗争。当全体同学集体起立，林真心倔强而坚定地说出："只有我们自己知道我是谁，只有我们自己能决定自己的样子。"这部电影就不是简单停留在对个人青春的怀旧回忆和浪漫书写之上，而是开始从"青春"之中，寻找一种改变的力量。

从《艋舺》的黑道打斗，到《女朋友·男朋友》的"野百合学运"，台湾地区的青春片中，"改变与抗争"总是牢牢占据青春记忆的中心。及至《那些年，我们一起追的女孩》，台湾青春电影尝试从文艺转型商业，抗争主题让位少年幻梦，但在既定的类型模板之中，九把刀仍然选择将柯景腾对沈佳宜怦然心动的瞬间，定格在教官因盗窃事件要求同学互相举报、搜查书包，而乖乖女沈佳宜起身抗议的一刻。"沈佳宜，刚才你超正的！"小尺度，轻口味，但寻求改变、不惜反抗的力量却不能没有。反抗的指向从民间暴力、官方政治的大历史讲述，逐渐转向两个维度：一是台湾教育体制本身，二是成年后的主角、影院中的观众正生活其中的这个当下。

《我的少女时代》设定在 1994 年，而此前的《那些年，我们一起追的女孩》虽未明示年份，但教室黑板上的值日标记，也可推算出故事发生在 1995 年。20 世纪 80 年代末，台湾社会向多元化转型，戒严时期残留的僵化教育体制，已经不能适应社会的需要，要求教育改革的呼声越来越高。1994 年 4 月 10 日，台湾大学黄武雄教授号召组成"四一〇教改联盟"，台湾地区二百余个民间团体、三万余民众走上街头游行，向有关部门要求实行教育改革。在民间的压力下，这场自下而上推进的教育改革，实现了基础教育小班化，高中大学增量化，教育内容现代化，制定教育相关规定等目标。这场教改运动，使台湾教育从基础教育大拨哄、高等教育精英化的僵化局面解放出来，开放了普通民众通过教育改变命运的通道。而对于台湾地区教育体制的反思性表达，则成为台湾地区青春电影取之不尽、用之不竭的思想资源。

"改变与抗争"不仅指向制度，更指向自身。"反抗成熟"就是台湾青春电影的又一思想脉络。《那些年，我们一起追的女孩》中，在新郎"你们想怎样吻新娘，就要先怎样吻我"的玩笑话后，柯景腾扑上去深深亲吻新郎的一幕，用一种无比疯狂的方式宣布，青春并未在功成名就中被埋葬、在成熟世故后被压抑，它就潜藏在我们每个人心底，即使得不到心爱的姑娘，也能够作为永远不灭的火花，给平凡生活以力量。而《我的少女时代》则更加直接，一份回报与付出不成正比的工作，一段不被在乎的感情，让成年的林真心维持着表面光鲜实则痛苦的生活，最终选择潇洒递上辞职信、甩掉男朋友，"人不需要在一个不在乎你是谁的地方浪费自己的人生"，下一个转角，你总会遇到"真心爱你"的徐太宇。

　　然而，大陆青春电影，却在这点上呈现出和台湾青春电影完全不同的风貌。从《同桌的你》《致我们终将逝去的青春》，到《匆匆那年》《左耳》，大陆青春电影，虽然讲述的起点是"青春"，但故事的结尾却常常迈出青春，呈现出对过去了的青春的回望。青春可以尽情尽兴，然而成年后必须克己复礼，如同彩色与黑白的对照，让这些青春电影有了一丝意在言外的况味。它们既是青春，又不是青春，它们是在后青春、非青春中重述青春，"时间"和"陈述"，让"青春"成为暧昧难辨的能指。

　　大陆青春电影中，并无"现在"的青春，而是"过去"的青春。顺叙的《左耳》，时间从中学时代绵延到大学毕业、创业，而《同桌的你》《匆匆那年》，片名就散发出浓浓的怀旧气息，更是以主人公们分散多年后的重新聚会、一起回忆作为开端。特别是《致我们终将逝去的青春》，在"终将"的控制下，青春与激情显出必然的宿命：结束，或曰死亡。

　　因而，和台湾地区在青春中寻求改变与反抗不同，大陆青春电影，充满了苦中作乐的气质。台湾地区的"青春"永生不死，而大陆的"青春"只剩残影。青春之于剧中人，仿佛是一场残酷的战役，最终活下来已是万幸。同样是出现在初恋的婚礼，《同桌的你》里面，男主人公林一只敢将抢婚放在脑海中默默想象，最终看着女主周小栀和体面而势利的伴侣走向婚姻。更不用说《致我们终将逝去的青春》里郑微放弃了所有爱人、只身远去，而《小时代》系列电影干脆来了个"团灭"的结局。大陆青春片的背景乐，仿佛一首高歌的《认了吧》，青春回忆里的那些甜味，短暂地抚慰了现实的苦涩——毕竟，我们也曾经青春过。也正是因为这种缺乏说服力的"过完青春，立刻妥协"，让大陆青春电影饱受诟病。

　　（2）享受虚假与重寻真实

　　"你们在学校会偷看男生吧？会手牵手跟姐妹淘一起上厕所吧？"在《我的少女时代》的宣传活动中，导演陈玉珊的问话，得到的是女生们齐整而确定的答案。"我就是把那种'咦，你也是这样啊'的回忆放进去，让你们对号入座，这就是我的'大数据'。"①

　　陈玉珊的"大数据"、小 IP 的胜利，应该让被资本劫持的大陆电影市场好好学习。《我的少女时代》除了几位大咖的友情客串，几位主演全部都是相对新鲜的年轻面孔，而原创剧本，也出自名不见经传的新编剧与导演陈玉珊的个人故事，如果用时下盛行的 IP 概念

――――――――――――

　　①　时光网.《我的少女时代》凭什么"火"成台湾现象？［EB/OL］.（2015－11－18）［2019－04－16］. http：//news. mtime. com/2015/11/09/1548727－all. html.

来看，是个不折不扣的小 IP。然而创作团队却用一种圆梦般的细致，在剧本创作过程中就做过问卷调查，询问那个时代走过来的人"当时听什么音乐？逃课去哪里？最讨厌的女明星？最喜欢的男明星？"。和大陆电影资方聘请咨询公司来调查哪些元素赚钱、靠水军"遛粉"来检测哪个艺人有票房号召力不同，这些力图从环境到情感都百分百还原青春的调查问卷，成为《我的少女时代》的大数据。

　　《我的少女时代》是个梦幻的故事，女主角林真心连变身之后都貌不惊人，只能凭借亮晶晶的眼睛和抿抿嘴的微笑，勉强算是可爱，而男主角徐太宇不仅是个会打架、当老大的"坏男孩"，还有"念过数理资优班""代表学校参加奥林匹亚竞赛"的隐藏"学霸"属性，文人武将二合一，还外送一个男二号校草同样倾心于你。然而这部电影能打动无数观众的地方却又在于，所有细节都如此真实。属于 20 世纪的明星贴纸、同学录和折页电话簿自不必说，校草买饮料时的近身触碰带来的脸红心跳，约会前试了无数件造型最后却弄巧成拙的糗态，实在是每一个少女都曾有过的片刻。徐太宇眼中，林真心在被迫写"诅咒信"时都充满愧疚的善良，和林真心眼中，曾因同伴溺亡而痛苦自责、性情大变的徐太宇，都成为让这两个人物血肉丰满、真实可信的设定。如果加上徐太宇将林真心推向校草、转过身那红红的眼眶，还有林真心得知徐太宇和校花交往，雨中摔倒后不让徐太宇来扶的 stop 手势，这部"玛丽苏""傻白甜"的少女系幻想电影，确实能获得观众真诚的感动。

　　如果说《那些年，我们一起追的女孩》的故事脱胎于九把刀的自传，多少还带点成功人士回顾青春年少的骄矜自恋，那么《我的少女时代》的故事则完全出自一个普通女孩的草根视角，从过去到现在，她始终平凡如你我。这种出乎意料的真实，终于给了观众一个带入的可能。

台湾地区青春电影"重寻真实"，大陆青春电影则"享受虚假"。大陆影片中的青春想象，并不同于现实生活中的真实青春。且不提《小时代》系列中一场又一场酣畅淋漓的姐妹反目然后重归于好，也不提《匆匆那年》里高考就是为了故意考低和恋人上同一所大学。从《同桌的你》《致我们终将逝去的青春》到《匆匆那年》，青春片中的主人公总要经历堕胎，仿佛不打掉一个孩子就不算爱过，《匆匆那年》中女主人公方茴打掉的孩子，甚至不是男主人公陈寻的，而是为了气陈寻而与别人珠胎暗结。对青春爱情的渲染，已经从痛快淋漓变成鲜血淋漓，连观众也不免吐槽"你们的青春都在忙着打胎"。① 此后的《左耳》电影连忙改掉原书中的堕胎情节，而《何以笙箫默》则在海报中打出"抱歉，我不堕胎"作为回应。青春形象的虚假，几乎在呼之欲出的边缘，然而稍做调整之后，各路青春电影继续在纵情恣意之中，满足着观众的想象。

"人们很清楚那个虚假性，知道意识形态下面掩藏着特定的利益，但他们拒不与之断绝关系"②，齐泽克在《意识形态的崇高客体》中不无悲愤地揭示道。当代大众文化中的"青春"，其特异于

---

① 蔡小弥. 你们的青春都在忙着打胎 [EB/OL]. (2014 – 12 – 09) [2019 – 04 – 16]. http://movie. douban. com/review/7235448/. "青春片打胎忙"的话题，最早在豆瓣小组"八卦来了"被讨论，这篇总结性影评发布后，虽然没有形成文化事件，但是却被各个网媒广泛转载并认同。

② 斯拉沃热·齐泽克. 意识形态的崇高客体 [M]. 季广茂，译. 北京：中央编译出版社，2002 (40).

国际上类型化的青春文化，也特异于中国革命历史叙述中曾经出现过的青春想象，更重要的是，它特异于当下青年人的真实生活，然而却又凭此赚得盆满钵满。

在大陆青春电影的虚假和疼痛中，观众发现已经没有了所谓真实的青春，那些"应该如此"的青春，被制成标本放入影院，以供需要青春的人们回忆。如同《致我们终将逝去的青春》所言，"正如故乡是用来怀念的，青春就是用来追忆的，当你怀揣着它时，它一文不值，只有将它耗尽后，再回过头看，一切才有了意义——爱过我们的人和伤害过我们的人，都是我们青春存在的意义"。追究这个回忆是否虚假，暗示着在虚假之外，仍然存在着一个真实的本体，但是当这种真实已不存在，人们只有选择享受虚假。通过虚假的爱恨淋漓，人们抛弃了他们的青春恋人，走向世故与成熟，走向平凡与平庸，成为社会机器中的小小螺钉。因此，虚假繁荣的大陆青春电影，不只是为中国电影市场带来了伤害，令口碑与票房脱钩，更重要的是，它也为中国文化心态带来了影响，让正当青春的观众没有展示朝气的机会，强迫所有关于"青春"的想象都与戏剧而虚假的叙述看齐。

（3）从青春反思当下

《我的少女时代》与《小时代》同样热映，然而映后评分却是天壤之别，这正是当下中国大众文化的一个奇观。所谓国际电影工业体系中的青春电影（Teen Film），远远不是大陆资本视为"人傻、钱多、速来"的吸金利器，而是照映着一代青年如何体认自身与社会关系的一面镜子。欧美青春片大多通过青少年人际关系的冲突，表现主人公在不同社群间，对个体位置的认知，对主体价值的确立，带有个人英雄主义色彩，完成自我肯定和身份认同。另一脉络的日韩青春片，则侧重青春期的焦虑与躁动，并把它们放入校园欺凌、社会改革等大背景下来感知，充满对东方式情感与家庭的细腻描摹。特别是近些年来，日本的《垫底辣妹》讲述女性的个体成长与奋斗、泰国的《天才枪手》关注个体价值与社会秩序的碰撞，都努力在依托传统亚洲情感模式讲述故事的基础上，以青春短章写人生长情，探索更高远的天空。

而对中国，特别是大陆语境来讲，自梁启超的"少年中国"之说，"青春"二字便成为个人与家国重叠的共同想象。但进入 21 世纪以来，局部改良仍在继续，但社会革新之后的整体框架都已经形成，在你快我慢的微小差别之中，很难再让"青春"于过去的宏大象征层面上有所作为，这已经成为时代的必然。有什么样的电影，就意味着有什么样的观众。从这点上说，叫座不叫好的大陆青春片，正是我们对自身矛盾状态的折射。而以《我的少女时代》为代表的台湾地区青春电影，则给大陆提供了想象自身的另一条路径。我们不是必须参与狗血故事，才能称得上没有虚度青春，平凡如你我的暗恋与心动之中，同样可以被挖掘出值得纪念的闪光点。硬币的另一面，则是坚持这个平凡而不平庸的自我，因为唯有在始终反抗生活的平庸之中，我们才能脱离犬儒主义，重建价值判断，真正让青春永生不息。

2. 推理电影与当代文化趣味：以《嫌疑人 X 的献身》为例

2017 年清明档期的《嫌疑人 X 的献身》票房突破 4 亿大关，获得了一份还算不错的商业成绩。在普通观众看来，这是一部完成度比较高的商业类型电影，如果是演员王凯的粉丝，可能还会对偶像参与了如此靠谱的电影制作而深感欣喜。然而，正如《嫌疑人 X 的献身》那种表面波澜不惊、内里却暗流涌动的推理故事和影像风格一样，这部电影所处的语境，正是整个中国电影转型期的缩影：当城市中产阶层日益扩大，以往小众精英口味的推理、侦探等"烧脑"类型，正逐渐成为大众化的整体趋向。"讲个好故事"成为中国电影最迫切的诉求，而怎样整合东亚三国的文化资源，形成可持续发展的文化共享圈，怎样学习中国香港、日韩与欧美成熟的类型电影制作技巧，并在学习的过程中化为己用，正是《嫌疑人 X 的献身》在激起小浪花的背后，所带来的值得思考的大问题。

（1）电影翻拍：如何让"中国版"成为"特色版"

第五代导演与传统文学作家相互成就，经典作品常常来源于功底扎实的纯文学作品。第六代导演则喜欢亲自操刀编剧，将从生活中观察到的怪诞现实融于笔端。而未能凝聚成"代际"式共同体，但实质上已经和前几代导演的电影理念、艺术风格完全不同的当代影人，则一直在通过各种渠道寻求自己的"一剧之本"。

近两年，"IP"概念的爆炸式传播，就是这一长期需求的集中体现。能够作为 IP 被挖掘的，主要是两种资源：国内，是以网络文化为中心的网络文学、电子游戏、热门现象及事件。这类 IP 资源，往往在未经影像化之前，就已经拥有为数众多的拥趸，而"有谁来诠释万千粉丝心目中的男女主角"，则成为一个屡试不爽的营销话题。因而原作与演员，常是这一类电影的关键词。

　　而在国际，则是以东亚三国形成的大中华儒家文化圈为基础，因相似的文化背景、审美趣味和价值观，进行广泛的资源交流。早年间，中国的电视综艺节目就经常"模仿借鉴"日韩综艺，近些年，随着版权意识的提高，以及此前"画虎不成反类犬"的尴尬，中国综艺节目制作公司主动向日韩购买版权，得到了丰富翔实的指导材料，也打造出了一批《爸爸去哪儿》《奔跑吧兄弟》《我是歌手》等成熟而具有本土特色的综艺节目。而在电影方面，同一剧本的翻拍、同拍也成为新的实践方式，《重返20岁》《我是证人》《外公芳龄38》都是如此。翻拍电影中，是选择中方导演还是外方导演，剧本如何进行本土化调整，则成为这类电影受到关注的关键。

　　日本近两年的电影乏善可陈，剧作倒是颇为出众，在洞察种种社会问题的犀利目光下，既知一己之力无法改变，于是与之进行策略性、世俗式对抗，刻画出了值得玩味的当代日本人精神世界。而韩国则是在影界与政府的多次谈判中，为电影产业争取到了越来越大的书写空间，揭露社会黑暗、批判统治阶层的现实主义电影屡出佳片。中国的情况又有不同，21世纪初，在《卧虎藏龙》获得奥斯卡最佳外语片的刺激下，《英雄》引领起了轰轰烈烈的"大片冲奥"运动，一度中国化的视觉奇观蔚为成风。然而随着全球化进程，中国的经济地位不断提升，电影市场也不断扩大，国人终于在好莱坞电影的东方面孔和中国软广中发现，现在不再是"中国走向世界"，而成了"世界走向中国"。在这种"后大片时代"，很多体量较小的类型片，也开始能够与观众见面，逐渐丰富着中国的电影市场。

　　对于《嫌疑人X的献身》来说，虽然是改编自日本同名推理小说，但日韩两国两种版本的改编电影在前，特别是日本版中，福山雅治搭档柴崎幸，在日剧《神探伽利略》中已磨合完毕、深入人心的二人组，在影版中延续了这种默契，成为书迷提及《嫌疑人X的献身》时最先浮现出的影像。因而导演苏有朋带来的中国版，其实也面临着和翻拍电影同样的挑战。

但最为有趣的，还是原著作家东野圭吾提出的特殊要求：他希望每一次的改编，都能够在尊重原著的基础上，加入符合国情的原创情节，而此前其他版本用过的原创桥段，不可以再次使用。围绕这一要求，除了提交详细的改编方案、将改编剧本译为日文，苏有朋更是带领创作团队和东野圭吾反复磨合了35版，最终才敲定电影呈现方案。

尽管对于原创性改编的要求，最初是为了规避影版之间的版权纠纷，但是东野圭吾金牌小说家所具有的话语权，让《嫌疑人X的献身》显现出了焕然一新的创作生态。想对一个已经深入人心的推理小说进行全新阐释，关键不是回避先前版本，而是重新进入小说、开拓可能，将其视为一个圆融自足的故事、充满无限可能的元叙事，然后从中摘取一页，形成与小说既相同又不同的电影。

也正是在这样的改编要求下，中国版《嫌疑人X的献身》里，陈婧为感谢石泓而为他买的男装外套，品牌名Erdos正是石泓最欣赏的那位匈牙利数学家的名字；而唐川与石泓登山时，石泓剖白内心，"对我来说，最好的不是走出去，而是走下去"，电影最后一幕，石泓既是被法警押送"走下"电梯，也是面对罪行与爱意，将杀人那刻就已确定的命运之路"走下去"，唐川则是带着石泓留给他的数学问题和人生问题，打开沉郁的楼门/心门，面对阳光走了"出去"。这样含蓄隽永的小小细节与点睛画面，也算是在东野圭吾给出的这场"高压剧本训练课"中，中国版《嫌疑人 X 的献身》给出的独具巧思的答卷。

（2）推理影视："烧脑"类型与中产阶级趣味

2009 年上映的《阿凡达》，以领先的 IMAX – 3D 制式，给国人进行了一轮电影放映技术的普及，极大地推动了国内影院的翻新改建。同时，《阿凡达》取景地张家界当时竟无一家影院，人们在震惊之余，也意识到中国二三线城镇电影市场的蓝海。这两个关键因素，如同按钮般开启了中国电影银幕数量的爆炸性增长，从 2007 年的 3000 块直冲向 2013 年的 15400 块，继而在 2016 年达到 40000 多块，超过美国跃居世界第一。而这些新的银幕，绝大多数设立在此前未曾开发过的二三线城镇。

面对突如其来的电影狂潮，这些城镇一度贡献了非常可观的票房，促使中国电影在百亿之后屡次刷新纪录。与之相伴，则是城镇青年的审美口味成为电影制作的新关注点，一些豆瓣评分跌破 5 分，但依旧收获高额票房的电影，显示出了中国电影在"叫好"与"叫座"之间的割裂——贡献票房的是普通青年，掌握话语权的则是文艺青年，他们之间的割裂是阶层的差异，而非想象的老中青少年龄差异。

但是随着影院从开张到常态，团购网站"分久必合"，票补降低让二三线城镇的观影冲动逐渐冷却。此时，一线城市的力量再次显现，引入新设备的高端院线，可以凭借良好的视听效果，把一张票卖出二三线城镇影院四倍甚至五倍的价格。一线城市的精英文艺青年，也具有更大的二刷、三刷可能。他们兜揣钞票，手拿键盘，既拥有经济权，也拥有文化权，重新占领了话语的高峰。

其实吊诡之处在于，这批生活在一线城市的青年男女，大多数是经过十载寒窗苦读，通过大学脱胎换骨，毕业后成为大城市里的小白领的一群人。作为从家乡中走出的一代，作为经济独立、可以算是城市中产或者中产预备军的一批，他们对于形成具有区分度的"文化自我"有着强烈的需求。而这种需求，就体现为在诸种类型影视中，受美剧、好莱坞电影、日本推理作品影响，犯罪、悬疑、推理、侦探等"烧脑片"，成为他们的心头所爱——这类影视作品，一方面对他者来说够精英，必须通过现代教育体制培养的文本解读能力，才能够看懂并欣赏；另一方面对自我来说又够通俗，犯罪所具有的刺激元素、智力对抗带来的爽感，都能满足他们消遣娱乐的基本需求。

我们无法确认苏有朋选择《嫌疑人 X 的献身》是市场调研还是兴趣使然，但毫无疑问，这一类型的选择，是踏准了中国电影市场的脉搏，和三年前收获 5 亿、叫座不叫好的青春片《左耳》，具有异曲同工之妙。

"烧脑"类型要求扎实的剧本和自洽的逻辑，只要完成这点，成片效果就不会太差。电影方面，有《全民目击》《催眠大师》和《心迷宫》的良好反响，电视剧方面，则有《法医秦明》《心理罪》等可以获得更大尺度的网剧。《嫌疑人 X 的献身》，连同同期上映的警匪片《非凡任务》和《绑架者》，将这一趋势勾勒得更加明显。《嫌疑人 X 的献身》让"东野圭吾"这枚大 IP 一时间炙手可热，可以预料的是，日本推理界的伊坂幸太郎、宫部美雪、岛田庄司等作家，也会陆续以各种形式和中国观众见面，而韩国近年来比较成熟的犯罪电影，也有可能成为另一潜在翻拍对象。

（3）师承各方：将全球资源化为己用

当目光重新回到清明档期，三部类型相似的国产电影——《嫌疑人 X 的献身》《非凡任务》和《绑架者》，其实背靠着不同的文化脉络。《嫌疑人 X 的献身》是日本推理小说为基础、日韩影视翻拍经验运作下的产物。《非凡任务》的编剧与导演是香港影坛赫赫有名的麦兆辉、庄文强"麦庄组合"，故事架构和叙事手法都带有鲜明的港式警匪片特色，但公安部金盾影视文化中心的官方资助背景，本应是话题点的麦庄二人并未参与影片宣传，又让这部电影显现出一份港人北上的含混。《绑架者》同样来自明星转型导演的徐静蕾，"犯罪者失忆"这一关键元素，显然受惠于各种"经典烧脑电影清单"中均会提及的美国电影《记忆碎片》，而在一稿剧本无女主的情况下，设立一个戏份颇重的女性角色来引导故事发展、调节节奏张弛，显然是属于女导演团队的有益尝试，所幸白百何也演技过关。

这三部电影看似国产，充满了大家熟悉的演员面孔、取景于我们曾经走过的城市街巷，但是其背后却是中国影业在资本撑腰下，不断吸纳来自中国港台、日韩、欧美等不同脉络的文化资源，试图熔炼出一种现代中国的电影风格。但是，与香港地区、台湾地区的影视交流，时常面临着港籍、台籍人士的政治立场问题，也关涉到他们面对大陆娱乐业的强势发展，如何调整心态与姿态的问题。与产业成熟的日本韩国交流，我们具有天然的地缘优势、文化趋同，但是东亚三国的历史遗留问题、风云变幻的外交局势，又让这种合作充满了不稳定的因素。欧美与中国影视的交流，背后是资本和市场的涌动，但缺乏文化和情感的理解，因而，如何让一笔笔学费不要白交、取回真经，从谈钱一步步走向谈情，也是中国电影面临的挑战。

合作从不简单，中国电影依旧前路漫漫。

3. 中国哲学与美学的传承：以电影《大鱼海棠》为例

当代的动画电影市场，特别是面向全年龄段观众的动画电影，长期被日本动漫所占据。近些年来，随着看动漫长大的一代人成长起来，挖掘中华文化元素、讲述国风诗意故事的国产动画电影开始与观众见面。2016年上映的由梁旋、张春执导的电影《大鱼海棠》就是其中之一。

浪漫恣意又幽深复杂的《庄子·逍遥游》，成为《大鱼海棠》灵感的来源："北冥有鱼，其名为鲲。鲲之大，不知其几千里也。"电影在此基础上构建了属于自己的独特世界观。两位主角的名字椿和湫，也来自《庄子·逍遥游》中"上古有大椿者，以八千岁为春，八千岁为秋"。在影片的故事里，大鱼要回归人类世界，必须冲破各种束缚，在追求自由的过程中，不仅仅需要勇气，需要付出代价，甚至会伤害到身边的人。如同现代人的现实生活，在追求自由和梦想时，甚至是处在一段关系中，难免要为自己追求的东西付出代价。因此，能否在短暂的人生中去创造属于自己的奇迹，找到勇气去冲破世俗陈规的束缚，让心中的大鱼飞向天空，成了《大鱼海棠》对"自由""梦想"与"爱"的讨论。

因而，画风唯美、想象绮丽的《大鱼海棠》，成了一个充满中国哲学隐喻的故事。影片里大鱼是每个人的灵魂，人类从海洋中进化而来，每个出生的婴儿天生就可以在水里游泳，反而长大了却忘记了自己曾经也是一条鱼，不过灵魂没有忘记，所以灵魂永远要回到最初的家园去。在《庄子·逍遥游》里，大鱼"鲲"是东方哲学对"自由"的想象，"至人无己，神人无功，圣人无名"，人怎样的境界才算真正的"自由"？只有达到物我两忘，"无我""无功""无名"的境界才是真正的"逍遥游"。

在影片隽永的末尾中，再次引用"上古有大椿者，以八千岁为春，八千岁为秋"。字面意思是有一种非常长寿的大椿树，以八千年为春天，八千年为秋天。从自然科学上当然知道，世界上最长寿的生物是洛杉矶巨杉，能活三千年，这株椿树只是一个美好的想象。但更重要的其实是背后的隐喻：在不同的尺度看时间，感觉是不同的。时间无穷无尽，生命也无穷无尽，了解这其中的意义，会让我们处世的心境更平静。

为了让电影能够呈现出这种哲学玄思，《大鱼海棠》创作团队早在 2004 年就做出了同名短片，架空的世界之中，各种奇怪的生物共同生活，如何让它们在视觉上显得和谐，成为创作者的难题。团队根据对中国古代美学风格的研究和学习，融多个历史时期的特点于一体，率先设计出了浪漫飘逸、衣袂蹁跹的主人公"椿"。继而，团队三次去福建土楼做实景的采风，将故事主场景设定在此，圆形的土楼自然围合成一个圈，既是族人的家，也是他们的堡垒，既是归宿，也是牢笼，与主角最后挣脱牢笼、寻找自由的主题暗中契合。最后，整个电影开始了为期两年半的全速制作，借助了大量的3D技术来辅助美术背景以及后期的制作。全篇的美术背景都是在电脑上用手绘板绘制完成的。人物有一部分是Flash制作，一部分是纸上作画然后扫描进电脑。3D部分在模型上贴上背景师绘制的贴图，尽量弱化3D的痕迹，让整个风格更加自然统一。其最终形成了独具中国风情的美轮美奂的视觉效果。

《大鱼海棠》的唯美，一方面将中国的美学和哲学以现代的动画、电影形式表现了出来，另一方面，作为一部全年龄向的动画电影，也有为数众多的青少年观众欣赏了这部影片，电影也在他们心中播下了文化与动画的种子。中国文化的代代传承，正是因为传统一次又一次被以最现代的方式重新阐释、表现，才得以代代相传。

（二）非虚构创作中的中国文化形象

科技的飞速发展，为人们打破时空区隔，了解"生活在别处"的形态提供了可能。亲眼所见、亲耳所闻带来的是真实的冲击力，如何将这种真实更大程度地还原给受众？这就产生了近年来兴起的"非虚构创作"：以真实的材料和现实的逻辑为根据，最大程度地将社会原貌还原呈现。而在这之中，"非虚构写作"与"非虚构视频"又是两个最重要的组成部分。

"非虚构写作"在中国主要发展为非虚构小说和新新闻报道两种形态，前者以文学期刊为阵营，关注乡土中国，视之为厚重的精神故土，后者以新闻周刊为园地，关注城市中国，形成了锋利的异托邦解剖。它们扎根在城乡两极，用非虚构的文字，在今日的"虚拟时代"中，对抗趣缘局限与虚无主义，展现当代中国的现实与真相，共同讲述着文化中国的来路与去处。

"非虚构视频"是在传统纪录片模式上的升级，它以更平等的姿态记录对象、更开放的态度表达观点，因而具有贴近现实、真实还原度高的特点，是在国际传播中讲述中国故事的有力工具。发挥非虚构视频的传播优势来讲述"中国故事"，就要坚持诚信叙述的原则，实现真实的再现，把握简单的叙事策略。

1. 大众文化语境下的"非虚构写作"

"非虚构写作"这一舶来的概念，近年来成为中国的又一文化热点。在西方的文艺理论中，"非虚构写作"广义上涵盖了史传文学、报告文学、游记散文等体裁，狭义上则特指美国 20 世纪 60 年代以来兴起的非虚构小说（nonfiction novel）和新新闻报道（new journalism）。而在中国落地生根的"非虚构写作"，恰恰就是这两条线索齐头并进。

2006 年，《中国作家》在改版时，将月刊分化为《中国作家·纪实》与《中国作家·小说》，每月各出一刊，并在《中国作家·纪实》中开设了"非虚构论坛"栏目，兼收专业学者的理论论述与普通读者的评论建议，为"非虚构写作"中国化进行了充足的理论建设。而 2010 年《人民文学》开设的"非虚构"专栏与随后推出的"人民大地"非虚构写作计划，则将"非虚构写作"的创作实践推向了高潮。梁鸿的《中国在梁庄》、慕容雪村的《中国，少了一味药》、李娟的《羊道·冬牧场》等一批颇具分量的作品，都是从这个平台中走出的。中国传统主流文学的生产机制，酝酿出了中国的非虚构小说。

另一方面，随着中国经济发展与城市化进程，中产阶层队伍扩大。不同于在中国阶级斗争语境下被污名化的小资产阶级，因改革开放而产生的中产群体，要求重新确立自己的话语模式、价值标准与生活趣味。一批新闻周刊在日报晚报与文学月刊的缝隙中生长出来，并日益壮大。从 20 世纪末到 21 世纪初，《三联生活周刊》《新周刊》《中国新闻周刊》相继创刊，为中长篇特稿写作提供了园地。而 2010 年前后，基于《中国青年报》的"冰点周刊"和康泰纳仕在中国推出的《GQ 智族》，则逐渐成为"非虚构写作"中新新闻报道的重镇。讲述中国商业帝国巨头的《企业家们的公共生活》、观察汶川地震引发的人性与道德重审的《裸奔者范美忠》、描绘二次元民族主义的《帝吧风云》，都为这个变化的时代进行了精准的速写。

中国"非虚构写作"的两条线索，一条自传统主流文学而来，关注中国最为隐蔽的乡村与底层，从杂志走向书店，凝聚为厚重的精神故土，另一条则向大众文化而生，聚焦当代风口浪尖的资本竞逐和文化博弈，从杂志走向网络，形成了锋利的异托邦解剖。它们扎根在城乡两极，遥相呼应，用非虚构的文字编织出了当代中国的现实与真相，共同讲述着文化中国的来路与去处。

（1）文学、乡村与知识分子："非虚构小说"的三重脉络

"非虚构写作"进入传统主流文学，并不是简单的写作样式的更迭，其背后交织着传统文学对现实的强烈责任感、使命感与文学实践逐渐脱离普通民众的无奈与焦虑。从五四新文化运动到新中国建

立，在这段漫长的历史时期内，文学都与整个国家民族的命运紧紧相连，然而随着社会转型，从 20 世纪 80 年代中期以来，传统主流文学与读者的亲密关系却逐渐解体。

1985 年前后，先锋文学在文坛兴起，文学开始"回到文学自身"，追求文学性，学习西方现代派技法。如果是作为现代社会自然孕育出的小规模精英式文学实验，这本无可厚非，但在改革开放初期，整个中国社会的经济、文化水平都距离典型的"现代"仍有不小的距离，无论是作者的写作方式，还是读者的审美水平，都不足以支撑这一实验在中国文化的土壤中有机运转，而让它更像是西方文化冲击之下，带着焦虑和笨拙的照搬和模仿。特别是当文坛扎堆求新求异、转向自身的时候，与普通民众关心的内容、熟悉的笔法自然拉开了距离。根据学者邵燕君的研究，文学期刊的订阅数量与销售数量大幅下滑的时段，正和文坛的现代主义转向时期重叠，在田野调查中也呈现出正相关性。"到 1998 年有关部门重申 1984 年提出的所谓'断奶政策'时，全国几百种文学期刊中，超过万份的不足 10%，大多数只有几千份，甚至几百份。"①

与此同时，中国社会的市场经济转型，也加速了民众离开文学的脚步，文学从社会文化中心走向边缘，不得不说是一个痛苦的过程。在经历过 20 余年的自我反思与锤炼之后，2010 年前后逐渐勃兴的非虚构小说，就是对于重新回归民间、进入大众的一种尝试。非虚构写作不仅是促使创作者将关注点从文学技巧转向内容表达，为文字和文学"做减法"，更重要的是，将写作者自身，从文学的操控

---

① 邵燕君. 新世纪第一个十年小说研究 [M]. 北京：北京大学出版社，2016 (5).

者还原为芸芸众生之中的"人"。而在这一基础上，正如《人民文学》主编李敬泽在对"非虚构写作计划"进行阐释时所言，"我们希望推动大家重新思考和建立自我与生活、与现实、与时代的恰当关系"①。

选择重新回到现实，接续中国文学的现实主义传统，非虚构小说选择的切入点大多集中在乡村。这种不约而同的选择，一方面源自现代文学里乡土中国的传统，另一方面则源自"乡村/农村"作为中国社会向前进发过程中不断遭到抛弃的现代性他者所带来的悲情想象，与"背井离乡"的知识分子在面对"乡村/农村"时的自我救赎。

乡土中国是中国文学中挥之不去的存在，新文化运动后，从乡村进入城市、从中国传统知识结构进入西方现代知识体系之中的中国第一代知识分子，在确立自身主体性时，首先建立的他者，便是刚刚离开的乡村。在现代作家的笔下，乡土中国既是一片等待救赎的处女地，承受着凝固的时间中早已衰朽的秩序、愚昧野蛮的文化，呼唤着自己的拯救和征服，又是一片永恒存在的温柔乡，永远有善良淳朴的农家少女、淡泊从容的白发老翁，可以抚慰自己在大城市中屡屡碰壁带来的挫败与感伤。在这种回望的姿态中，乡土中国被他们第一次间离和抛弃。

而在新中国成立后，乡土中国的呈现从"乡村"转变为"农村"，如果说前者代表了对以"血缘—地缘"为基础的中国传统人情社会与文化的保留，那么后者则强调了在阶级斗争的语境下，

---

① 李敬泽. 文学的求真与行动 [N]. 文学报，2010 – 12 – 09.

"农"所代表的阶级属性，及其背后蕴含的巨大生产力。"这一时期中国农村的社会化是为'以国有企业为主体的强大的工业的发展'服务的。由于中国城市工业化的资金主要是从农村获得，国家通过特殊的经济制度安排来实现通过工农产品的不等价交换获得工业发展资金。50 年代初期中国农村的社会主义改造急迫地把农民组织到集体经济组织里，并不是仅仅出于农业生产发展的需要，甚至也不是农民利益的需要，而是国家工业化的需要。"① 因此，20 世纪 50 年代的农村题材作品看似蓬勃，却并非是对现实农村的自然呈现，而是肩负着建立农民的国家认同、将农民转化为现代民族国家成员的政治使命。这种貌合神离的文学创作，则成为对于乡土中国的第二次抛弃。

　　现代化进程中，从文化与经济上对乡土中国的两次抛弃，凝结为中国知识分子对于乡土中国所怀有的原罪感。而当中国经历改革开放而进入现代秩序，文学逐渐卸去政治属性，乡土中国及其子民，则再次以"底层文学""打工文学"等形式被重新召唤回来，以"零度写作"等方式呈现出属于自身的样貌。非虚构小说，则正是沿袭着这一发展脉络，进一步回归乡村，进入"底层人"与"打工者"的故土，进一步削减匠气，甚至放弃"底层文学""打工文学"的"文学"与"虚构"，以一种报偿的姿态，重新描述乡土中国的现实。

　　用"非虚构"的方式呈现现实，表面看似不干预、不作为，然

---

① 李杨. 工业题材、工业主义与"社会主义现代性"——《乘风破浪》再解读 [J].
　　文学评论，2010（11）.

而背后蕴含着的，却是作为知识分子的写作者那介入现实与改变现实的强烈企图。慕容雪村在《中国，少了一味药》中，通过卧底潜伏的方式，深入江西上饶的传销团伙，带来了整个传销机制运营的一手资料。他在 23 天的摸底调查中，全程保持着高度的清醒和冷静，对传销团伙的培训洗脑、组织架构、活动规律都展开了详尽的描述。而在离开传销团伙之后，慕容雪村立刻以此为证据向公安机关报警，在《中国，少了一味药》的创作手记中，也充盈着对中国底层民众因缺乏常识而深陷泥潭的痛切。在观察记录期的不干预，正是为了让那些扭曲的、不正常的社会现实，以更加触目惊心的方式集中呈现在人们面前，这并未妨碍将自身置于其中的作者从内而外寻求突破的努力，并且亦点燃了反思现实、改变现实的更大力量。从以"虚构"为武器到以"非虚构"为武器，在现实本身的荒诞面前，知识分子正试图凝聚起更多的力量。

然而，并非所有"非虚构写作"的作者，都能够如同慕容雪村一样，将问题纳入现代秩序可以消化的范畴。知识分子在"非虚构"的大企图背后，隐藏的更多的是当代知识分子的话语危机。《中国在梁庄》的作者梁鸿，写作的动机即是感到了文坛创作与农村真相之间的隔膜、学院化知识生产方式的局限，为"写着言不及义的文章"而羞耻，于是决定"真正回到乡村，回到自己的村庄"。① 然而这种回归，并没能为八十年代启蒙神话破灭之后的中国知识分子提供新的话语模式，恰恰相反，乡村的闭塞落后、自成一体与牢不可破，反而显出了"（启蒙）话语"本身的无效性。"非虚构"看似是悬置

---

① 梁鸿. 中国在梁庄 [M]. 南京：江苏人民出版社，2010：1.

了"话语"带来的干预，其实正是为业已中空的话语提供一个喘息之机。

（2）城乡之间，中外之间：两种"非虚构写作"的对话

在传统主流文学的"非虚构小说"之侧，是在"客观报道新闻"与"直面社会大众"两种脉络下产生的都市新闻周刊特稿写作，也即中国的"新新闻报道"。和十几万字以上的长篇非虚构小说相比，几万字的新新闻报道短小精悍，然而却能直击时代痛点。新新闻报道式的非虚构写作，常常选取突然蹿红、颇有争议但同时人们并没有深入了解的人物；相比于一般的现象报道，更侧重于分析人物与事件的缘由，显露其中复杂的褶皱；在描绘核心事件的同时，对人物的成长经历追根溯源，试图描摹出其一举一动背后的深层心理机制；最为关键的是，秉承"非虚构"的写作态度，尽量不带有任何立场地将这些信息加以梳理和串联，最终呈现给读者。

如果说"非虚构小说"描绘的是乡土中国，那么"新新闻报道"描绘的则是城市中国。在乡土中国中，是凝固不变的陈旧秩序，在外部世界的不断冲撞中，激起的死水微澜，无论是《中国在梁庄》里，王家少年强奸82岁老太，昆生执意将火化后的骨灰在棺材里复原为人形，还是《中国，少了一味药》里被传销组织的高额利润洗脑的底层青年，他们透露出的都是一种对"常识"的严重匮乏，法律的、生理的、科学的、经济学的常识。而"常识"，作为默认的共同语言，恰恰是现代社会用于凝聚成员的关键，当人们共享了同一套时间维度、价值体系与知识话语，才能产生同理心与共情感，结成一个相对稳固的现代性集群。这种"常识的匮乏"，让作为写作者

的知识分子，感受到了试图介入与改变的无力。

而在城市中国中，则是飞速变化着的社会，时刻在拷问着业已形成的"常识"。《企业家们的公共生活》里，以刘晓光、王石、冯仑、任志强为代表的一批企业家在自发建立"阿拉善SEE生态协会"的过程中，在不断地论争和妥协下，完成了一套民主体系从无到有的创建。原本已经被本质化的"民主/政治常识"，重新演绎了其在一个小小的人类社会里从血肉中诞生的过程。而《网书大亨》，则是以唐家三少为原点透视2014年群雄逐鹿的网络文学市场，这位作品年销量超过2000万册的网络作家，其成功的秘诀就是"保持自己的水平不提升"，这样才能保证核心受众群永远是最基层的小白读者，因为这个群体的量是最大的。这种颠覆常识的新规则，恰是整个网络时代变革的一个缩影。

一边是"常识"的空缺和匮乏，一边是"常识"的松动和自反，同样以"非虚构"写作方法呈现的两种写作样式，一个代表了乡土中国，一个则意味着城市中国。这两者之间，是城乡二元对立、阶层分化日益严重的割裂中的中国，同时又是共享着相似困惑、彼此形成强烈互文的割不断的中国。"非虚构写作"所呈现的两极，一边是中国的来路，一边是中国的去处，共同勾勒出当代中国不停流动的过程。

而身处全球化时代的中国，在自我审视的同时，也自然会成为另一个被观察的对象，特别是随着中国的国际地位日渐提高，以"中国"为对象的域外写作也蓬勃兴起。而作为"非虚构写作"在20世纪60年代美国兴盛的源头，《纽约客》也以知名记者何伟

(Peter Hessler）的系列作品来描绘它眼中的当代中国。何伟的"中国三部曲"《江城》《甲骨文》与《寻路中国》引发了全球读者的广泛讨论。基于何伟以外国身份长期在中国二三线城市居住、生活、思考的亲身体验，《江城》展示了外国人在双重文化碰撞中如何拓展自我的认知边界，《甲骨文》虽然带有个人局限，也在某种程度上展现了政治探寻与新闻价值的取舍，《寻路中国》则通过重走长城古迹的中国式公路故事，展现了中国古今之间、城乡之间的差异、碰撞与发展。

《华尔街日报》记者张彤禾（Leslie T. Chang）的《打工女孩》与《纽约客》记者欧逸文（Evan Osnos）的《野心时代》，则分别从中国底层打工女性与中国意见领袖知识精英的不同群体出发，阐释当代中国的形象。这些域外中国题材"非虚构写作"，在深度上显然不能与中国本土的创作相媲美，然而却也常常带来令人耳目一新的解读角度，更为重要的是，在这些材料的呈现中，身为中国局中人的我们不难发现，他们从未将城乡中国视为完全割裂的两极，反而是发现了在经济秩序中两者的紧密关联，为乡土中国与城市中国的对话，提供了新的思路。

（3）虚拟时代的"非虚构写作"

"非虚构写作"成为近年来中国的又一文化热点，其最大的语境，是中国乃至世界，都正在走向一个前所未有的"虚拟时代"。正如麦克卢汉在《理解媒介》中预言的那样，媒介正日渐成为人的延伸，21世纪的赛博格空间正借由现代科技逐步形成。然而，在个体能力延伸、人类与客观事物距离缩短的背后，是人与人之间的关系在这个时代被重审。网络诞生的初衷，在于使"天涯若比邻"，拉近人与人之间的距离，空间概念在网络平台上已经不能成为沟通的阻碍。但是，这却并没有能够让人们变得更平等、更统一、更包容，相反，人们在网络空间中更注重表达，关心和自己强关联的事物，而为了取悦用户的互联网服务与科技，在通过算法筛选推送信息的过程中，强化而非补正了这种兴趣偏好。原本的血缘、地缘社群被趣缘社群所取代。在海量的信息世界中，人们只是延展了线下生活的半径，人群之间的差异，因为这个半径的延展，反而越发强化，无形之间，人与人的隔阂也就更加深刻。从根本上看，网络时代并未能带来不同群体之间的融合，反而使各个群体更加分化。

英国公投脱离欧盟、美国大选特朗普获胜，都昭示出掌握话语权的精英阶层与拥有投票权的普通民众之间，存在着巨大的鸿沟。世界范围内，民族主义兴盛，宗教争端频仍，都标志着世界正从全球化时代进入逆全球化时代，在科技和政治的惯性下，人们将进一步走向群体的封闭。

而文学领域开展的"非虚构写作"，正是对这种现象有意识地补正。通过"非虚构"的作品，让读者跳出个人的趣缘社群，而进入到完全陌生的空间，了解另一种人群及其生活方式，从而发现整个社会在运行过程中可能存在的问题。在"虚拟空间"当道，"真相"与"真实"皆被悬置，"只要获得快感，无论实现方式"的背景下，"非虚构写作"恰恰是一把将人拉回现实，直面真实，不提供"快"，而感受"痛"，让人们在冲击的阵痛中，告别虚无主义，重新感受到自己的血肉与存在。

　　因而，作为"非虚构写作"的两重线索，"非虚构小说"与"新新闻报道"，不但是相互砥砺的两极，同时在对抗虚无的意义上，又是相互协同的同侧。"非虚构小说"所对应的，是以玄幻、奇幻为风格之一的网络文学，充满架空元素和瑰丽想象的网络文学，甚至近两年在国际上声名鹊起的中国科幻文学，都并非只是"虚构""虚拟"或"虚无"，而是用后现代魔幻主义的方式，通过春秋笔法来对时代精神进行现实主义的描写。

　　"新新闻报道"所对应的，则是西方新闻业界近几年来对虚拟现实技术（Virtual Reality，简称 VR）、增强现实技术（Augmented Reality，简称 AR）、混合现实技术（Mixed Reality，简称 MR）进入新闻报道的全新探索。在"新新闻报道"的"非虚构"之外，在这些新技术带来的变革，让另一些新闻报道有能力完全虚构——使用 VR 技术创造一个新的情景，并让读者沉浸其中，从而体会事件当事人的真实感受，达成现实虚拟之上的逻辑真实和情感真实。例如英国《卫报》运用 VR 技术制作《6×9》视频，让体验者亲身感受单人监狱的生活，关注单独隔离给人带来的心理创伤；美国《纽约时报》以 VR 纪录片的方式，让用户身临其境地体验"黑户"移民在移民拘留中心的日常生活，从而引发对美国移民管理体制、非法移民者人权等问题的关注。

　　在城市与乡村两个维度展开的"非虚构写作"，摒弃了在文本层面的过度雕琢，在克制、平实、不动声色的白描式勾勒中，通过内在的丰富细节与丰沛情感，完成对当代中国真实面貌的刻画。同时，中国从两个路线展开的"非虚构写作"，也正是在当下这个"虚拟时代"的语境中，现代科技中人的异化的时刻警惕。"非虚构写作"秉承关注现实的文学传统，通过文化力量统和科技力量，始终进行着抵抗虚无、重构现实的上下求索。

2. 非虚构视频：讲述"中国故事"的叙事方式

非虚构视频是今日建构中国故事与传播国家形象的又一重要途径。视频通过视听双通道对于现实的还原，使其最大程度接近于真实的生活。国际传播中，因为异文化的陌生感，传播的接收地对于传播的输出地有着不信任感和不确定性，借助实在的影像可以最大程度地消除观众疑虑，通过"眼见为实"加强故事传播的可信性。在利用非虚构类视频进行国家形象塑造中，需要通过一定的故事讲述方式，才能达到传播意图被完整接受的效果。如果没有掌握讲述中国故事之道，反而会弄巧成拙，削弱故事的传播力。

（1）无信则不立：诚信叙述的原则

诚信叙述能够帮助破冰不友好的国际传播环境。国外媒体环境的不友好，让中国故事的传播之路异常艰难。中国在经济领域取得了长足的进步，并扛起了带动世界经济发展的大旗。作为快速成长的新兴经济体，中国不免撼动了老牌经济体的既得利益。即便中国不想走入修昔底德陷阱，但传统的发达势力为了保全自身利益，在一向擅长的舆论领域发起攻势，甚至妖魔化中国形象，企图影响中国的对外合作。中国的哲学思想体系，为解决这一问题提供了很好的思路。韩非子的思想体系认为"小信诚则大信立"。荀子也对诚信做出了阐释，"君子养心莫善于诚，至诚则无它事矣"。人与人的接触，诚信是合作的保障，国与国也不例外。

中国故事的诚信是中国诚信形象的代表。每一个"中国故事"的国际传播，都被贴上了"中国"的标签。中国的国家形象塑造不能靠个别作品的突围，应建立整体中国故事的公信力。公信力的形成是通过他人对于中国故事提供信息的评判。公信力的建设是依赖于中国故事提供的立场和内容。从形象角度而言，中国媒体讲述故事是中国品格的代表，中国媒体向世界观众营造出的诚信感就是中国诚信的代表；从传播策略而言，诚实的叙述可以避免恶意媒体对中国的攻击，防止中国因为发布欺骗性的信息陷入被动；从传播效果的角度考虑，诚信的叙述更容易与陌生的观众建立亲切的连接感，获取陌生人的信任，消除传播壁垒和固有偏见。诚信讲述故事的方式有：客观地呈现故事内容，诚实地面对自身的过错，坦诚地应对危机与机遇。

诚信叙述的难点在于负面故事的应对。许多传播者担心将负面故事传播开来会导致消极效果增加，不良情绪扩散，因此选择了躲避或者粉饰的传播态度。但是，世上没有不透风的墙，一旦真实的信息不胫而走，隐瞒的传播者就陷入了被动的局面。遮掩信息会导致民众对于真相的过度揣测和对于背后阴谋的臆想，为谣言的滋生建立了环境。第一时间的隐瞒会造成整个战役主动权的丢失，而后的解释和公布都只是弥补开始的过错，因为欺骗在先，解释事件的公信力就会减弱。中国过去在国家形象塑造方面缺乏经验，导致了外界对我方言论的不信任。我国对于国际形象的重视转化成了一种过度紧张的态度，导致口径单一化、负面言论应对迟钝、尖锐问题模糊回答。多数外国人对中国媒体信任度低的一个原因是中国媒体不能全面报道负面新闻，且提供的信息缺乏平衡性。① 面对负面故事，在第一时间公布，是保证民众的知情权。敢于公布就是承担责任的表现，面对负面情况，端正推进态度，汇报改进动向，让民众对于真相处于时时可知的处境，才能建立媒体甚至国家的可信度。

（2）真实的建立：素材的真实与归化的真实

秉持着诚信的原则，中国故事需要向外提供真实的素材，但真实的素材在不同的文化下传递，如果表现方法不得当，就会遭遇阻碍，以至于让他人将"真实"误解为"非真实"。观众在观看故事时，思维会产生将故事向现实世界转化的"归化"过程，即将故事翻译为观众理解的自然行为。

观看和观赏是两个意思。观众从观看的表面层次进入到更深的叙事层次，这个过程就是"观赏"。类似"读"与"读出"的概念。一个叙事在多种媒介间的转化，依靠的就是人们通过观赏，读出同一事件与实存的能力。观看是一个浅层的生理性过程，而观赏却是深层的精神性过程，它受到文化等背景的影响。当接受者具备发送者编写的文化编码时，才有可能做到"观赏"。例如，当日语初学者学会日语的假名后，基本可以朗读所有的文章和单词，但因为他们不具备语言解码能力，所以并不知道文章和单词的具体意义。

人们的观赏过程是文化符码、艺术媒介符码和日常生活符码相互作用的统一体。只有当受众在可认知和可习得的传统基础上进入与作者的契约时，这些单位才能实现。② 文化编码不一致是中国对

① 赵云泽. 中国报刊负面新闻近年的发展变化［J］. 国际新闻界，2009（3）.
② 查特曼. 故事与话语：小说和电影的叙事结构［M］. 徐强，译. 北京：中国人民大学出版社，2013：80.

外文化传播面临着的巨大问题。纪录片《寰行中国》的主持人原和玉本人是在美国和中国台湾的文化中成长的，虽然生得一张中国人的脸，但作为《寰行中国》的主持人，他所面向的是国家地理频道的英语受众。在《探奇巴楚》一集中，船夫向主持人原和玉展示了旧时船夫号子，他向观众展示了真实的反应"I have no idea what he is saying"（我完全搞不懂他在说些什么），这是文化解码无法与编码相符所带来的困惑。需要指出的是，除中外文化的横向地域差异可以带来无法解码的结果外，中国文化内部纵向的时间差异也可能导致无法解码的状况。

影像的国际化传播时，会遇到一个很大的陷阱，就是"可想而知"。对于在本地传播时不言自明的公理，对于外部的受众来讲可能就存在着极大的理解困难。在传播之时，应对本土化的事物进行公开地解释，最好借用一些国际通行或者传播到达地区的公理进行类比，以降低理解门槛。

非虚构类视频的故事以传播真实为追求，如果在观众接收环节推翻了传播的真实，那么整个传播过程就是失败的。若想获得观众的真实归化，需要做到故事真实、细节真实、展现方法真实。

故事真实指的是素材的真实，被用于传播的故事内容是真实存在的，有据可循的，这是保证传播真实的基础。细节真实是指在故事环节中对每一个环节都需要推敲。特别是一些创作者希望讲述有张力的故事，认为只要故事框架真实，细节是可以进行杜撰和人为加工。但是，细节最容易露出马脚，倘若被细心观众发现，在网络传播的时代，线索就会迅速地被传播，一个细节的虚假就会引来观众对于整体故事的质疑。"一颗老鼠屎坏了一锅汤"，并不是受众的"以偏概全"，而是故事的公信力扎根于每一个细节之中。展现方法的真实是对于真实的素材、真实的细节要用真实的拍摄手法表现。这一点需要与再现区别，真实展现并不是对于再现手法的否定，只是限定了再现手法的表现范围：只有当故事的发生不能被真实拍摄的情况下，才可以使用再现。这种情况包括：故事发生时间年代久远、事件存在机密性、需要保护当事人等。但对于真实拍摄没有难度的题材，或者虽然有真实拍摄的难度，但是视频是以拍摄难度为看点的题材，如果使用了非真实的拍摄手法，即便素材真实，也会引起观众的质疑。BBC 在这类型题材中屡有失误，例如，纪录片《人类星球》中描绘的野狼，实为人工驯养的演员狼；《北极熊一家和我》中，表现北极熊生产的画面其实是后期合成。在被质疑后，BBC 的制作人员解释是拍摄难度过大，不得不使用人工的手法，但故事绝对真实。如果一定要采用此类视频，应该在播出画面时提醒观众这是再现画面，使观众将虚构的画面和非虚构的故事加以区分，保证对于故事本体真实的认同。

国际传播当中，有背景的信息是较难被传递的。不同的组织中有各自不同的文化背景和不言而喻的价值体系、历史渊源等。当故事建立在难以被观众解读的背景之上时，如果不给背景以清晰的解释，故事的真谛就很难被理解。传播所需要做的工作就是把因为文化而行驶在两条不同的铁轨（分别代表传者和观众），通过引导和解释，将轨道对接，使列车（传递的信息）可以无缝行驶。倘若编解码的工作没有完成，则会使得真实的素材被标注上"虚假"的标签。

优秀的字幕组在翻译影视作品中，会将理解剧集所需要的历史、文化、社会等各个方面的信息标注出来，结合辅助解释信息，观众更容易理解故事真实传达的意图。

（3）简单的叙事：讲述中国故事的基本策略

讲述中国故事要经过三个必经的阶段：基本阶段，让他者听到声音；扩展阶段，让他者接受声音；最高阶段，让他者渴望并敬佩声音。在传受双方存在理解障碍的情况下，使用简单的故事取代复杂的故事可以有效地弥合沟通鸿沟。

简单的故事逻辑可以帮助观众进入其中。传者发出的故事，是否可以被观众完整地读解并接受，重要的环节在于逻辑关系的转换。在中国故事传播中，尽量使用简单的故事逻辑，它可以最大程度减少逻辑理解障碍对于信息接收的消解。在故事的呈现中，可以多运用因果关系，对难以理解的现象进行原因的解释。因果关系的运用需要按照紧密排列的层级（由 A 推倒至 B，由 B 推倒至 C），最好不跨级解释（由 A 直接推倒至 C）。比喻逻辑也适合国际传播，将对于他者的陌生议题与他者熟悉的议题通过比喻连接，实现由难度接受向简单接受的转化。对于暗喻、反讽这些需要特定文化背景才可以理解的逻辑，在国际传播中要尽量减少使用频次。虽然暗喻、反讽等手法可以增加故事的深层信息和丰富感，但是容易在国际传播中因为理解差异而产生背道而驰的效果。

简单的故事情感可以帮助观众达到共情。人类享有许多基本的情感，如高兴、悲伤、对下一代的关爱等。人在观看动物类节目的时候，动物虽然与人类不使用语言交流，但是人类仍然能理解他们的行为和动作，正是因为人也是动物的一种，动物表现出的许多基本情感，为人类所共有。在中国故事讲述中，多使用人类共有的基本情感，便于他者对于故事精神产生认同。在国际传播中不断强调对人的重视，对自由、平等等的追求，通过激发人类基本情感，获得对于中国形象的认可。

简单的故事表达可以帮助观众激活思索。中国传统文化强调，大音希声，大象无形。这是一种推崇自然、简单而非人为、繁杂的美学观念。在讲述中国故事中，要充分遵循这种简单的故事讲述观念。这并不代表故事讲述可以粗糙，而是鼓励用纯粹的事实说话，控制人为的干预，而这恰恰是非虚构类视频相较于其他媒介更适合于国际传播的特征。简单的故事讲述方式是为他者还原出亲历的现场感，便于他者在事实接受的过程中自我理解和体味，个体对于自我处理并获得的信息会更容易产生认同感。反之，如果在故事讲述中加入了过多的主观意念输出和人为的加工，对于他者而言，过强的干预痕迹会造成对于故事的怀疑，认同感就会大打折扣。

视频化的中国故事需要通过特定的媒体进行播出，在网络视频并未发达之前，只能通过播放设备或者电视台进行播出。网络时代的到来为以非虚构视频讲述中国故事提供了机遇性的传播渠道。这种渠道正是对外讲述中国故事所需要建立起的自由而开放的传播环境。在这一环境下，尤其需要抓住视频传播的内容建设，做好在他者土地的落地工作，通过寻求共鸣、消除冲突的方式建立传播的信任感。既要保持中国的品格，又不能排斥世界的需求，只有切实把握传播规律，才能让中国故事成为当代国际传播中的最强音。

（三）文创理念视野下的中国文旅产业发展

文创理念的核心特征是创新与跨界，以一个更广阔、更多维的视角推动文化发展，实现以文化人的时代任务。根据这一理念，可以从多个视角推动文化与旅游、制造等产业深度融合。文创理念对于以文创赋能各个传统行业、打造新型文化业态具有指导意义。按照这一理念，形成包括"文创＋旅游""文创＋乡村"等的"文创＋"的生态体系，有效引领产业升级，推动乡村振兴，助力城市转型。

2018 年，国务院机构改革方案中，国家旅游局与文化部合并，组建文化和旅游部，其主要职责是，贯彻落实党的宣传文化工作方针政策，研究拟订文化和旅游工作政策措施，统筹规划文化事业、文化产业、旅游业发展，深入实施文化惠民工程，组织实施文化资源普查、挖掘和保护工作，维护各类文化市场包括旅游市场秩序，加强对外文化交流，推动中华文化走出去等。这一改革，彰显了国家对于文旅产业的精准把握：文化与旅游具有天然的亲缘性，文化的传播需要"有朋自远方来"，而旅游能做得好更需要文化来提升内涵与品位。文旅部的成立，是从国家顶层设计上将"读万卷书"和"行万里路"有机融合。一些网友形象地说，这是"诗和远方走在了一起"。网友的这一表述，体现了他们对文化和旅游融合的赞同和期待。文旅融合，有利于增强和彰显文化自信，提高国家文化软实力和中华文化影响力，推动文化事业、文化产业发展和旅游资源开发，达到文旅资源融合发展的目标。

也正因此，以文创理念的视野重新审视文旅产业建设，也显得更有必要。引"文"入"旅"，已经不能是传统意义上，在旅游景点立一块说明牌、讲几个小故事，就能满足人们的需求，人们呼唤更加具有创意色彩、创新精神的文化赋能方法，也开始从创意、科技、生活的角度综合评价文旅产业的各种成果。因此，秉承文创理念，回顾当前文旅产业相关案例的发展状态，总结其中的经验、发现运营的问题，有利于文旅产业在新的阶段走上健康发展的道路。

1. 从文创理念看文旅产业发展的内涵与趋势

文化与旅游的深度整合，不仅是体制上的结合，更是观念上的融合。以文创理念关注文旅产业发展，其内涵是树立"好好生活"理念，推动城市再生、乡村再生、心灵再生。文旅产业发展的目的不仅是推动文化产业或旅游业上新台阶，更是推动社会与人的新的生存状态的形成。换言之，文化不与旅游结合，削弱了文化的渗透力；旅游不与文化结合，只有形式的拼贴感。通过文化与旅游深度融合的创新与跨界，以一个更广阔、更多维的视角推动文化与旅游发展，才能有效实现以文化人的时代任务。

从当代消费需求的发展现状看，随着物质极大丰富与技术极大进步，功能需求逐渐让位于审美需求，进而让位于情感需求。这种消费需求改变催生了文旅产业的形成，也对文旅产业创新提出了更高的要求。数据显示，我国游客在2019年春节期间参观博物馆的比例高达40.5%。这既反映了公众节日休闲理念和方式的转变，也体现出博物馆等高层次文旅产品日益走入日常生活，成为公众文化生活必需品的新形态。① 实践表明，对文旅产品的市场认同愈发源于形象认同与价值认同。

文创理念是分析文旅产业发展趋势与开发特征的有效工具。从创意视角观察文旅产品，需要体现个性、时尚与情感；从科技视角观察文旅产品，需要体现新科技应用、新知识普及；从生活视角看文旅产品，需要体现自然、本土和参与。因此，文旅产业要做好，需要专注、专业、专情，需要做小、做简、做精、做美、做热。

在消费主义、物质主义的影响下，当代许多产业发展不以人为本，而是以物为本；不以推动人的向上向善为诉求，而以迎合人的低层次需求为手段。这些产业提供的产品与服务并不能带来社会的满足感与幸福感，而是在一定程度上引发社会情绪的焦虑与浮躁。为了避免这些问题，在新的文旅产业发展中，不能迎合欲望，而要引领价值。换言之，文旅产业要以满足与提升人的精神需求为目标，建设基于生态文明、人文精神的发展原则。

值得注意的是，做出专业、高端的文旅产业并不是要排斥大众的参与，并不是要强调精英主义与资本中心主义。事实上，从我们实地调研的台湾现有的各类成功的文创园区、精品民宿等文旅产品来看，恰恰是有了在地化的人员与资源参与，才能更好地带给消费者以融入感、归属感、生活感。在文旅产业发展中，树立社群观念，加强社区建设，动员社会力量，是行之有效的方式，也应是文旅产业健康发展的趋势。

---

① 单霁翔. 让优秀传统文化走入寻常百姓家［N］. 光明日报，2019－03－05.

2. 文旅产业发展中的民间资本与政府角色：以民营美术馆为例

改革开放以后，我国社会的发展、民间资本的积累以及大众审美需求的扩大，为民营美术馆提供了诞生和发展的土壤。进入 21 世纪以来，我国当代艺术蓬勃发展，逐渐形成了完整的一级、二级市场体系，民营美术馆活跃在艺术品二级市场，成为当代艺术领域的重要力量，并凭借其灵活的定位、多样的展览，补充了国营美术馆在当代艺术领域的缺失，也在学术方面进行了很多探索。

根据《全球私人美术馆发展现状调查报告》，全球有 317 家私人创办的美术馆，按国家私人美术馆数排名，中国拥有 26 家，居于世界第四，按城市私人美术馆数排名，北京市拥有 9 个私人美术馆，居世界第二,① 中国的民营美术馆正在蓬勃发展。在文化产业的发展中，产业政策与规划是重要的一环，政府在产业规划、政策扶持、基础设施建设等方面的作用，对民营美术馆的发展十分重要。目前，中国的民营美术馆普遍面临政策、资金、人才、机制和影响力的问题，政府在这些方面大有可为，因此，结合需求分析政府在民营美术馆发展中的角色定位，对于民营美术馆的持续发展很有意义。②

（1）中国民营美术馆的特点

目前，全球大部分民营美术馆每年办展数量主要集中在 1—3 个，中国的民营美术馆每年举办展览的数量在 10 个以上，大大高于

---

① Larry's List. 全球私人美术馆发展现状调查报告［EB/OL］.（2017 - 04 - 14）［2019 - 04 - 16］. http：//art. ifeng. com/2016/0121/2708571. shtml.

② 相关论述参考：胡钰，张楚，张铮. 民营美术馆发展中的政府角色研究——以北京市为例［J］. 武汉科技大学学报（社会科学版），2017（4）.

全球其他民营美术馆。① 整体而言，中国民营美术馆发展的速度和规模均位居世界前列，尤其是近年的发展势头十分强劲。从 1991 年中国首家民营美术馆——炎黄艺术馆开馆以来，民营美术馆发展至今已有 26 年，② 在这个过程中，民营美术馆的业态逐步走向成熟，呈现出以下四个特点。

第一，收藏性。民营美术馆由私人拥有，艺术品收藏是其重要功能之一。"53% 的全球私人美术馆创建于 2000 年到 2010 年这 10 年间，而在中国，一半以上（65%）的私人美术馆皆为 2011 年后创办。"③ 21 世纪以来，随着中国经济的迅速发展，民间资本不断积累，开始进入艺术品市场。私人美术馆的所有者一般为有一定财力的收藏者，在资本积累的过程中收藏了一些艺术品，便利用政策优势以较低的成本创建美术馆，用于管理藏品。基于收藏兴趣，民营美术馆梳理并收藏了很多被艺术潮流忽视的艺术作品，举办各种展览，产生社会效益。以北京木木美术馆为例，创始人林瀚和雷宛萤都是收藏家，与策展人共同创建木木美术馆，将美术馆作为收藏、管理展品的重要方式，这也是其创办美术馆的目的之一。

第二，非营利性。"非营利性，首先指的是美术馆不进行艺术品的买卖；其次指的是艺术家的作品所有权美术馆在展览期间及展览

---

① Larry's List. 全球私人美术馆发展现状调查报告 [EB/OL]. (2017 - 04 - 14)
　　[2019 - 04 - 16]. http://art. ifeng. com/2016/0121/2708571. shtml.

② 黄朦黎. 私人美术馆兴热潮的背后 [N]. 21 世纪经济报道, 2013 - 01 - 14.

③ Larry's List. 全球私人美术馆发展现状调查报告 [EB/OL]. (2017 - 04 - 14)
　　[2019 - 04 - 16]. http://art. ifeng. com/2016/0121/2708571. shtml.

之后都归艺术家，美术馆不具有艺术品的所有权。"① 这也是民营美术馆区别于私人画廊、艺术空间等营利性机构的显著特征。对于资金不足的民营美术馆来说，它们想发展壮大除了依靠创始人的资本，也需依靠社会资本，只有变成非营利性的"民营非企业公益性"美术馆，才能更好地获得私人捐赠带来的影响力和政策优惠。

第三，正外部性。民营美术馆作为文化产业的一种，具有很强的正外部性，为公众提供多样的文化服务，对社会产生积极影响。威廉·鲍莫尔（William Baumol）认为文化产品是具有为人们带来潜在和实际收益的、对人类生活有重要意义的"优效品"。② 2015 年11 月，习近平总书记主持召开中央财经小组第十一次工作会议，提出"供给侧结构性改革"，"扩大有效和中高端供给，增强供给结构对需求变化的适应性和灵活性"。③ 私人美术馆为大众提供了多元化的文化服务，创造了更多的文化需求，丰富了人们的审美体验，在文化艺术领域的"供给侧"发挥着独特作用。阿比盖尔·佩恩（Abigail Payne）曾论述文化产业的四类正外部性：文化自身会产生积极的经济活动；文化会促进互补性商品和服务类型的发展，如旅游和其他服务性行业；文化增强了既定社区对有益品的供给；文化对后代的有益影响。④ 以民营美术馆为源头，很容易形成餐饮、娱乐、文化服务、房地产等领域的产业链，吸引更多文化产业入驻，

① 马凤艳，兰超. 论民营美术馆的非营利性及其盈利之道［J］. 艺术教育，2015（3）.
② 左惠. 文化产品的外部性特征剖析［J］. 生产力研究，2009（7）.
③ 韩乔. 八句话，读懂中国"供给侧结构性改革"［N］. 山东商报，2016 - 03 - 06.
④ 左惠. 文化产品的外部性特征剖析［J］. 生产力研究，2009（7）.

形成集聚效应，带动区域经济、文化的发展。

第四，公益性。民营美术馆的私人所有特性和公共服务特性本是冲突的，史蒂芬·梅耶（Stephan Meier）和布鲁诺·S. 弗雷（Bruno S. Frey）在研究中提出了"私人理想型"和"纯粹公益型"两种美术馆类型假设，但通过对欧洲贝耶勒美术馆的研究，他们发现针对文化公益领域事业，采取"介于公共和私人之间的形式"往往更为有效，即私人所有的民营美术馆可以发挥公共文化服务的作用①，也就是具有公益性。"对比成功生存的美术馆与不堪压力倒闭的美术馆，能否转型为'公益性的'成其关键点"②，目前国内尚在经营的民营美术馆都具有这一特性。公益性是指"教育民众，传播艺术，不以盈利为目的，美术馆的宗旨是公益的"③，也就是承担着提供公共文化服务的职能。这是私人美术馆获得政策支持、吸引投资、获取人们关注的重要特性。

（2）政府支持民营美术馆发展的思路

在民营美术馆的发展过程中，政府发挥作用仍有很大的空间。政府应逐渐由管理者向服务者转变，把握发展民营美术馆的战略意义，将文创理念注入城市美术馆的发展中，引导民间资本投入，激励民营美术馆发展。

第一，从提升城市竞争力的战略高度认识发展民营美术馆的意

---

① S. Meier，B. S. Frey. Private faces in public places：the case of a private art museum in Europe [J]. Cultural Economics，2003（3）.

② 周晓红. 国内民营美术馆向公益美术馆转型的可行性分析 [J]. 美与时代（上），2013（11）.

③ 周晓红. 国内民营美术馆向公益美术馆转型的可行性分析 [J]. 美与时代（上），2013（11）.

义。美术馆是一个城市的文化名片，文化力是城市竞争力的重要体现。美术馆展现着城市的文化形象和地域特征，其文化价值在现代城市建构中越来越重要。美术馆的发展有利于塑造城市形象、提升城市品位。2009 年，西安美术馆开馆，致力于挖掘西安的文化资源，提升城市生活的文化艺术渗透力，促进传统文化的现代再生。以西安美术馆为例，作为城市的文化窗口，西安美术馆收藏艺术品、举办展览、进行学术研究、开展公益活动、开发衍生品，使之成为西安的品牌文化项目。美术馆的建设和发展，一方面，丰富了西安的文化功能，提升了城市的品位，让艺术融入城市发展，打造城市的文化竞争力；另一方面，有利于吸引人才聚集，引进外来投资，丰富城市的文化产业形态，为城市提供新的产业发展契机。

政府可以规划产业集群，促进美术馆与现代城市协调发展，民营美术馆应该依托现代城市的发展，打造自己独特的定位。在城市中的选址是影响美术馆发展的重要因素，是与城市产生关联的起始点，为吸引参观者，民营美术馆的选址更需讲究。北京木木美术馆将位置选在 798 艺术区，与其他文化产业形成集聚，有效地吸引了客流，并实现了产业链的延伸。政府可以主动规划文化产业集聚区，将民营美术馆纳入城市文化产业的空间发展格局中，利用闲置房产规划建设文化类民办非企业单位聚集地，鼓励民营美术馆参与旧城、旧工业区和城郊地区的产业升级改造。将民营美术馆纳入文化产业集群的区域内形成规模效应，也便于开发旅游、地产、餐饮娱乐等其他产业。

第二，以文创理念探索城市美术馆的产业化发展路径。中国在经济转型过程中，文创产业发挥着越来越重要的作用。文创产业是北京市的重要支柱性产业，年度可实现增加值逾 3000 亿元，在地区生产总值的比重近 15%。① 文创产业占 GDP 的比重越来越高，增幅远超其他产业，文创产业在国家和城市发展中的重要性正在上升。

纵观美国纽约 SOHO、英国泰晤士河南岸、意大利米兰托尔托纳等世界著名艺术创意产业区经验，创意性地将老工业区、老城区改造升级，聚集相似产业，融合跨界产业，打造文创产业"小城市"，实现产业化的内核就是文创理念。以文创理念探索城市美术馆的产业化发展路径，要求政府从引导美术馆实现创意和跨界，将公益性与产业化良好融合。在文化创意理念的指导下，引导民营美术馆实现技术创新、理念创新。鼓励美术馆利用 VR、AR 等科技手段，全方位提升参观者的审美体验；加强美术馆的跨界融合，与学术界、科技界进行合作，加强成果意识和产品意识；打造民营美术馆的独特定位，立足本地文化需求和公众审美需求，将创意融入美术馆运营中，开发周边文化创意产品，让创意生根发芽。

第三，以文化 PPP 模式激励民营美术馆发展。PPP（Public - Privare - Partnerships）模式是公共部门与私营部门合作的模式，主要是为提供公共服务而形成的公私合作伙伴关系。② 文化 PPP 模式在公共文化服务体系的建设中具有重要意义，政府与私人进行合作运

---

① 北京市国有文化资产监督管理办公室，中国传媒大学文化发展研究院. 北京文化创意产业发展白皮书（2016）[EB/OL]. （2017 - 04 - 14）[2019 - 04 - 16]. http://www. national - ciiez. gov. cn/NewsDetail. aspx？rcid = 2&cid = 15&id = 9869.

② 张晓敏，陈通. 公共文化设施 PPP 建设运营模式研究 [J]. 管理现代化，2015（1）.

营文化机构，吸引私营部门参与公共文化设施建设，丰富公共文化服务种类，实现互利共生。

在 PPP 模式的指导下，政府购买公共文化服务，可以多渠道解决美术馆资金难题，激励民营美术馆发展。党的十八届三中全会提出，要加快构建现代公共文化服务体系，明确要求引入竞争机制，鼓励社会力量参与公共文化服务体系建设。政府是公共文化服务供给的责任主体，但不应该是公共文化服务的唯一提供者，为帮助民营美术馆筹集资金，充分发挥市场的力量，加强政府与市场、社会的协调分工，同时满足多样化的公民文化需求，可采用政府购买公共文化服务的模式。从 2015 年起，民办博物馆奖励补助已列入中央补助地方公共文化服务体系建设专项资金。国务院办公厅转发了文化部等部门《关于做好政府向社会力量购买公共文化服务工作意见的通知》，将民办博物馆、民办美术馆等面向社会提供的免费或低收费服务等内容纳入《政府向社会力量购买公共文化服务指导性目录》。国家相关政策提供了政府购买文化服务的可能性，但是在实际操作中，北京市政府还局限于以文化局为主导发起美术馆联合展览活动，没有充分发挥文化 PPP 模式的优势，没有激发民营美术馆的积极性。政府可以采用多种方式购买公共文化服务，如合同外包、特许经营、政府资助、凭单制、法令委托、减免税、使用者付费与志愿服务等形式。① 政府可以灵活运用国家政策，通过组织学校参观、发放展览门票等多种方式吸引参观者，并对民营美术馆的办展

---

① E. S. 萨瓦斯. 民营化与公私部门的伙伴关系［M］. 周志忍，等译. 北京：中国人民大学出版社，2002：128.

开支进行补贴，通过购买文化服务将民营美术馆作为公共文化事业的有机补充，为民营美术馆开辟资金来源。

第四，以激发民间力量投入美术馆发展为导向。在当前"大众创业、万众创新"的热潮中，民间力量成为行业生生不息发展的源泉和动力。在民营美术馆的发展中，政府的投入支持固然重要，但更重要的是，将政府作为纽带，连接民间资源和民营美术馆，激发民间力量投入美术馆。

将民间资源投入支持体系，将民间资本投入美术馆发展。民营美术馆的资金和土地实力较弱，靠门票收入等美术馆自身运营收入很难生存，需要政府在资金上予以支持，并引进社会赞助，这些都需要制定相应政策作为保障。在支持体系方面，文化局可以联络民间资金、培训资源，开展多种形式的支持计划，包括支持优秀项目、支持初创民营美术馆、实施人才培养计划等。除了对优秀项目进行事后奖励，还应将支持体系前置，在美术馆办展过程中投入资金，真正解决民营美术馆资金的燃眉之急。除了政府拨款支持以外，还应带动民间资本介入，充分宣传公益性捐赠免税政策①，鼓励个人和企业进行捐赠；开拓美术馆融资渠道，鼓励建设融资平台，为具有资质的美术馆提供小额信贷担保；完善基金会制度，鼓励民营美

---

① 在2017年召开的十二届全国人大常委会第二十六次会议上，财政部部长肖捷做了关于《中华人民共和国企业所得税法修正案（草案）》的说明，"草案将现行企业所得税法第九条修改为：企业发生的公益性捐赠支出，在年度利润总额12%以内的部分，准予在计算应纳所得税额时扣除；超过年度利润总额12%的部分，准予结转以后三年内在计算应纳税所得额时扣除"，这意味着企业进行公益性捐赠获得的免税额度大幅提高。参见：张洋，《人大常委会审议企业所得税法修正案草案拟允许捐赠超额部分结转扣除》（《人民日报》2017年2月23日第2版）。

术馆以基金会的形式引进民间资本。

政府引导民间力量，建立地区性行业协会。民营美术馆普遍具有资源少、展览领域单一的问题，以行业协会作为平台，能有效地将国营美术馆和民营美术馆联系起来，分享艺术品资源，加强展览合作，丰富民营美术馆的文化艺术活动。除了国家级的美术馆行业协会，地方政府也应引导建立地区行业协会。以行业协会为纽带，民营美术馆可以加强行业交流，分享优秀策展案例、管理经验和活动形式，提升民营美术馆的经营能力。此外，行业协会可以作为主体为民营美术馆向政府争取资源，包括资金支持、政策倾斜、人员培训等，还可以作为政府购买公共文化服务的资讯平台，及时反映民营美术馆的需求和文化产品，促进民营美术馆与政府的互动。

3. 文旅产业发展中的 PPP 模式：以特色小镇为例

当前文化旅游业发展面临重大机遇，也面临许多需求，资金不足、人才短缺、运营低效等成为普遍难题，产业观念、管理体制和立法缺失极大地制约了我国文化旅游产业的发展。[①] 以政府投资发挥主导作用的发展模式，已经难以有效地促进文化旅游产业的发展。随着我国投资和财政管理体制的改革，国务院、国家发展改革委等相关政策都鼓励采用 PPP 模式进行文化旅游开发，发挥公共部门和私营部门各自的优势，形成"1 + 1 > 2"的效果。如 2016 年出台的《文化部办公厅关于做好第三批政府与社会资本合作示范项目申报筛选工作的补充通知》提出，将采取 PPP 模式的文化基础设施、文化

---

① 龚绍方. 制约我国文化旅游产业发展的三大因素及对策 [J]. 郑州大学学报：哲学社会科学版，2008（6）.

旅游项目、文化金融服务中心、文化资源保护与利用项目等纳入支持范围。2018 年文化和旅游部、财政部联合印发的《关于在旅游领域推广政府和社会资本合作模式的指导意见》就调动更多社会资源参与旅游业发展，探索推广旅游 PPP 实施路径、发展模式及长效机制，提高旅游投资有效性和公共资源使用效益，建设一批旅游 PPP 示范项目做出全面部署。

目前，PPP 模式已逐渐成为加强文化旅游基础设施建设、促进文化旅游产业发展的重要手段，是各地政府推动文化旅游产业的重要着力点。特别是在特色小镇建设方面，PPP 模式已经积累了一些实践范例，基于这些经验，文旅产业中的 PPP 模式的应用，还有以下几个方面的发展着力点。

（1）提升企业专业能力

企业应当深入挖掘区域特色，形成"文化＋产业＋旅游＋生活"四位一体的发展模式。文化旅游产业中的 PPP 模式应根据区域的自然条件、人文历史、特色产业等，打造具有共识或唯一性的文化形象，通过"文化＋产业＋旅游＋生活"四位一体的发展模式，构建可持续的产业生态，形成产业生态圈、城镇生活圈、区域服务圈。文化旅游产业的开发还应从观光旅游、休闲旅游、度假旅游到文化旅游等，将不同文化旅游业态有机地组合起来，给旅游者以丰富的感官和参与体验。

华夏幸福基业在河北大厂回族自治县开发的大厂影视小镇，在建设和运营中就充分考虑了这些问题。相关负责人在接受调研时表示："区位优势对于一些行业特别重要，如影视行业中明星的日程安排非常紧张，很多艺人对交通时间有要求，车程超过两个小时就不予考虑。""独特的文化资源有助于形成区别于其他小镇的特色和竞争力。文化产业的发展链条，一般从整理文化资源、把握资源优势，转化为优势产品到实现产品的品牌化，资源优势是基础。大厂是以回族为主的少数民族聚居区，形成了厚重的民俗民族文化，包括饮食、民俗工艺、历史遗迹等，具备民族民俗旅游的良好资源，有利于形成独具特色的文化品牌。"①

　　企业可以打造特色小镇，提高文化旅游服务产品供给的关联性、互补性、共生性。单体 PPP 项目难以满足文化旅游行业跨行业整合资源的需求，难以发挥统筹管理和协同效应等优势。文化旅游服务的有效供给需要其他配套服务的支持，单体的投资项目很难自主控制风险，而且分散开发容易造成资源的闲置和浪费。以旅游业、文化产业作为主导，复合其他相关产业，旅游和文化产业之间相互转换、相互影响和相互驱动。在产业耦合作用下形成多种新的旅游业态、旅游产品，既能够带动旅游的综合消费，又能提升文化产业的附加值、延伸产业链条、拓展产业空间，真正实现产业之间的生态效应。

　　文化旅游产业要符合区域的总体功能定位，目标产业需具有关联性、互补性、共生性，各产业相互链接并促进整个区域良性发展；既要符合文化旅游市场消费需求及时代特征，又要立足产业发展趋势，具有前瞻性；能够与地区的经济产业基础相适应，并促进产业结构升级；符合当地文化及资源特点，提升地区文化旅游影响力及

---

① 胡钰，王一凡. 文化旅游产业中 PPP 模式研究［J］. 中国软科学，2018（9）.

竞争力。

倡导企业坚持长期运营，推动文化旅游产业产品的持续迭代升级。在主体产品上不断迭代升级，在细节运营上不断完善服务管理体系。文化旅游产业只有不断进行产品迭代升级，才能吸引回头客的多次消费，保持对游客的吸引力。服务管理体系，包括基础物业管理、增值服务平台和智慧管理系统建设。其中，物业管理、配套设施要精心设计，既能提供美好的服务品质，也能形成小镇的亮点特色；增值服务，包括导游服务、关怀服务、投诉服务、医疗服务、洗衣服务、旅游纪念品等，这些软性服务的发展空间很大；智慧管理，即借助智慧化手段对景点、酒店、餐饮、游客、车辆、房屋和公共资源等进行管理，实现数字安防、智能物管、智能办公、绿色节能管理和一卡通管理等。

引导企业创新合作模式，在产业、文化、旅游、社区空间营造等方面探索新的资源整合方式。文旅小镇的开发属于典型的区域综合开发项目，涉及政府、村集体、地产商、运营商等不同主体，有的还有投资基金的参与，现在很多文旅小镇倾向于采取联盟开发模式。要在产业、文化、旅游、社区空间营造等方面进行合作模式的创新探索，解决土地开发和产业导入难题，实现小镇经济的跨越式、可持续发展。

文化产业管理和运营具有一定的公益性，其产品化、消费化的过程也是文化产业化的过程。盈利模式的设计不仅要满足快速回流资金、降低项目投资风险的需求，也要保障长期、持续的现金流以及无形资产和有形资产的升值。

（2）营造规范政策环境

政府应当创新机制体制，引导文化旅游产业健康发展。体制机制创新重点要处理好部门之间，市县之间，政府与企业、市场之间的关系。部门之间的关系，重点要理顺文化、旅游、农业（指农林水等大农业）、城市规划管理等部门之间的关系。要进一步创新文化旅游管理体制，构建"大旅游产业"的新格局，健全由多部门相互协调、密切配合、分工合作的管理体制，为文化旅游业跨越发展提供强大动力和制度保障。市与区县之间的关系，由于两者之间财政"分灶吃饭"，因此在产业发展、资源整合、产品打造中，要充分考虑区县的利益，通过建立利益共享机制的形式，调动区县的积极性。政府与企业、市场的关系，政府及其部门要努力营造公开透明竞争的市场环境，对国有、民营，市内、市外企业一视同仁，同等保护。要按照政策引导、多元投入、市场运作的思路，加大对现有文化旅游资源整合力度，在融资方面给予社会资本政策支持，鼓励社会资本公平进入，在同等条件下优先选择社会资本，有效解决文化旅游产业发展中的资金短缺问题。①

政府需要明确发展目标，加强资源整合。"政府是园区开发建设的决策者，拥有规划、土地等的主导权，对基础设施及公共服务价格、质量实时监管，并专门设立园区管委会，负责与社会资本的对接，社会资本负责园区的设计、投资、建设、运营、服务一体化运作，政府与社会资本做到无缝对接，成为真正的战略合作伙伴。"②

---

① 周正祥，张秀芳，张平. 新常态下 PPP 模式应用存在的问题及对策［J］. 中国软科学，2015（9）.
② 胡钰，王一凡. 文化旅游产业中 PPP 模式研究［J］. 中国软科学，2018（9）.

我国的旅游产业已步入突飞猛进的快车道。

政府应高度重视、强力推进文化旅游产业发展，充分发挥区域丰富的文化和旅游资源优势，乘着经济新常态下的结构优化升级、经济发展动力向服务业发展和创新驱动转变的东风，加大改革创新力度，培育新的经济增长点，努力把文化旅游业打造成支柱产业。

根据当地实际，采取一些灵活的制度政策安排，促进产业快速发展。对文化旅游资源进行深层次的整合与开发，要以区域特色资源为依托，统筹协调，整合资源，搞好顶层设计，出台支持文化旅游的政策措施。

政府可以建立项目信息平台，提高行业发展效率。全国文化旅游产业缺少对各地典型旅游项目的介绍，项目实施机构也很难找到与项目相契合的专业运营管理团队。同时，许多文化旅游 PPP 项目均是潜在的投资、建设单位在跟踪，专业的旅游资源管理团队和旅游项目之间尚未形成有效的沟通联络渠道，应搭建项目信息平台，促进项目信息的交流，从而促成项目合作。

政府应当建立健全法律法规，维护行业发展秩序。与 PPP 实践较为成熟的国家相比，我国 PPP 实施的法律环境仍存在着上位法缺乏和相关政策不完善等问题，特别对于文化旅游产业中公益性与经营性兼具的项目特征，缺乏明确的监管机制，以及完善的财政支付体系。为此，应该不断完善相关法律法规，创造良好的投融资环境，建立完善科学的决策机制。① 对于行业发展中 PPP 项目落实不到位

---

① 亓霞，柯永建，王守清. 基于案例的中国 PPP 项目的主要风险因素分析 [J]. 中国软科学，2009 (5).

的情况，要有明确的法律法规进行约束，对于行业发展中好的 PPP 项目执行者，要给予充分的鼓励与引导。

（3）培育文化旅游产业发展中的文创理念

文创理念为文化旅游产业 PPP 模式提供了新视角。作为一种崭新的文化发展理念，文创理念强调的是以创意视角、科技视角、生活视角来看待文化发展，而不是固守文化的传统形式、封闭形式、静止形式。

从科技视角看，当代数字化、智能化、网络化的新技术发展对文化旅游产业提供了强大的科技支撑，也对文化旅游产业与现代科技的融合提出了强烈的需求。以主题公园、展览展示、影视乐园等为代表的文化旅游项目中的科技要素越来越突出。在这些领域里，PPP 模式具有很大的应用空间。

推动新的文化旅游业态融入大众生活，吸引广大消费者和旅游者消费创意产品和服务，逐步培养其在艺术教育、互动体验、教育培训、展览欣赏等领域的消费习惯，提升其消费水平和层次。以现在流行的自助型乡村旅游来说，其消费地点已经不是景区而是非景区，消费者在旅游中更多的不是观景而是体验和参与。这种需求生成了崭新的乡村旅游模式，许多乡村创客也由此产生。这种新的文化旅游模式对 PPP 项目提出了很多需求。这需要与当地的地方文化与产品紧密结合，需要优秀的设计与品牌来支撑，需要开发者对大众文化品位有准确把握。

当代文化旅游产业发展的重点是"文创＋"的跨业态融合，这是一种新的文化经济形态，实质是将文创成果深度融合于文化旅游领域。这种能力体现在善于挖掘各类文化产品的核心情感元素、价值元素，将其名称、形象、故事等形成 IP 并融入文化旅游业态中。

（四）中国工人文化的传播

中国文化的传播，需要有精英知识分子的参与，但更需要有广大人民群众的参与。在中国特色社会主义文化发展道路中，当代中国工人文化传播居于怎样的地位，包括哪些议题，应该如何建设……这些问题既是社会转型提出的实践命题，也是中国道路提出的理论命题。2015 年，在表彰全国劳动模范和先进工作者大会上，习近平指出："我国工人阶级是我们党最坚实最可靠的阶级基础……那种无视我国工人阶级成长进步的观点，那种无视我国工人阶级主力军作用的观点，那种以为科技进步条件下工人阶级越来越无足轻重的观点，都是错误的、有害的。不论时代怎样变迁，不论社会怎样变化，我们党全心全意依靠工人阶级的根本方针都不能忘记、不能淡化，我国工人阶级地位和作用都不容动摇、不容忽视。"①

中国最高领导人对工人阶级地位的强调，一方面代表了工人作为一个阶级其政治地位的不可动摇；另一方面也表明了随着时代变迁工人作为一个劳动群体其内部结构正在发生重大变化。考察当代中国工人文化传播的问题，要看到当代中国工人的结构性变化，要看到新结构带来的新差异，要看到新差异带来的新的重建方向。在中国特色社会主义中，工人是一个具有"主力军作用"的重要群体。

---

① 人民网. 习近平在庆祝"五一"国际劳动节暨表彰全国劳动模范和先进工作者大会上的讲话［DB/OL］. (2015 - 04 - 29）［2019 - 04 - 16]］. http：//cpc. people. com. cn/n/2015/0429/c64094 - 26921006. html.

在中国特色社会主义文化发展中，分析工人文化传播的结构、关系及其影响，对发挥这一特殊文化群体的"主力军作用"具有重要意义。

自20世纪80年代经济体制改革以来，根据聘用方式的不同，出现了形形色色的工人类型，如正式工、合同工、临时工、派遣工等。随着改革的深化，中国城市工人阶级的转型出现了三种模式：第一，流动农民工的形成；第二，社会主义工人的再造；第三，下岗工人的消解。① 事实上，当我们提到工人文化传播时，主要呈现在三个方面：一是打工者文化的传播，如打工春晚、话剧《世界工厂》等；二是企业文化传播，如新国企打造的一批既体现了时代精神，又有人物温情的家庭小故事的传播产品；三是工人文化宫或老工业基地的文化记忆、文化历史等，并以此为素材，传播一种渐行渐远的"背影文化"。

但是，在传播学领域对"工人"及其文化传播的研究却出现了双重的"话语错位"现象。一方面，新国企的企业文化传播已经注意到了"一线工人故事"② 的传播，但并没有明确提出工人文化传播研究的命题和话语；另一方面，进城务工的打工者文化，被定义为"新工人文化"进行传播，且在实践这一新话语中呈现出试图代表整个工人阶级的趋势。

① 吴清军. 国企改制与传统产业工人转型［M］. 北京：社会科学文献出版社，2010：8.
② "一线工人故事"是由国务院国有资产监督管理委员会、中华全国总工会、中华全国工商业联合会、国家互联网信息办公室等单位共同指导，国务院国资委宣传工作局、新闻中心主办的系列活动，从2014年4月开始举办。

为了夯实中华文化传播的基础，我们有必要对这三种工人文化传播现象进行讨论，探究其研究现状，分析其盲点或困境，在此基础上讨论重新建构当下工人文化传播与中华文化传播。①

1. 打工者文化传播

作为流动进城务工的农民工，他们深陷"双重"的身份尴尬。第一在于身份认同上的尴尬，他们在农村有房有地，不可能成为马克思主义意义上的无产阶级。但是在经济体制和企业管理制度深化改革的今天，他们又不可能像新中国成立初期的国企工人那般享有全方位的生活保障。第二在于身份处境上的尴尬，由于"农民"的户籍身份，尽管他们为城市建设做出了巨大贡献，但很难留下来。又由于他们在城市生活久了，文化观念与生活方式已经很难适应农村节奏，所以回不去了。

"新生代"打工者是一群处在青春期的年轻人，他们有着向世界表达自己迫切而强烈诉求的愿望。如北京皮村的"工友之家"，建立"打工文化艺术博物馆"，每年举办"打工春晚"并由优酷等网站同步在线播放，组建文艺演出队、个人唱谈会，定期播放农民工主题的电影，拍摄自己的纪录片，成立文学学习小组，等等；深圳工业区的工友们创作打工诗歌，在树上贴打油诗海报并通过微信、微博在线传播，集体歌唱《面包与玫瑰》……这些打工者将新媒体和传统媒体，网络传播和人际传播、社群传播等方式相结合，发出自己的声音，讲述自己的故事，维护自己的权益，表达对剥削、压迫和

---

① 相关论述参考：胡钰，沙垚. 当代工人文化传播的反思与重建［J］. 现代传播，2017（12）.

社会种种不公的反抗，即所谓"媒介赋权"。比如，打工诗人许强的经典作品《为几千万打工者立碑》，这样的作品在杂志发表、在互联网和移动终端传播、在舞台表演、结集出版，由打工者和知识分子一起形成打工文艺传播的"文化生态"，并将之命名为"新工人文化"。

事实上，"新工人文化"的研究近年来成为工人文化传播的显学之一，其研究范式也逐渐转变。主要包括三个议题。

第一，围绕"打工文艺"和"媒介赋权"，即打工者能不能利用新媒体自我表达，以及如何表达。其代表性的学者有卜卫及其团队，他们与打工者群体接触较早，并让全社会关注到打工者群体的文化及其利益诉求。卜卫认为从"打工文艺"中我们可以看到"工人和工人的世界"，而这在"高端的"、纯粹的艺术，以及流行的电视电影作品中都很少看到。[①]

第二，围绕身份政治，即"我们是谁"和"我们要做什么样的人"展开。其代表性的学者是吕途，她先后出版两本专著，分别讨论"中国新工人"的"迷失与崛起"[②] 以及"文化与命运"[③]，她认为应当用"新工人"取代"农民工"，因为前者具有一种主体性，通过调动历史话语和政治话语，可以推动"新工人"个体对命运的选择与身份的觉醒，可以成为主动争取自身和群体权益的一员，而

---

① 卜卫．"裂隙"与链接——《世界工厂》、社会剧场与政治［J］．文艺理论与批评，2014（6）．

② 参见：吕途．中国新工人：迷失与崛起［M］．北京：法律出版社，2013．

③ 参见：吕途．中国新工人：文化与命运［M］．北京：法律出版社，2015．

后者则是"招之即来、挥之即去"的被雇佣的个体劳动者。①

第三，围绕"新阶级""新想象""新可能"等议题，探究新工人文化有没有对话当代中国文化政治困境的可能性。参与的学者比较多，如张慧瑜、郭春林、孟登迎、符鹏、赵志勇、邱林川等，他们认为新工人文化及其传播实践或许可以创造出新的工人阶级和新的社会主义文化，从而为日益不平等、流动性缺失的社会政治经济结构打开一个缺口。

2. 老国企工人文化传播

电影《钢的琴》主角陈桂林原来是钢铁厂的工人，下岗后为了生计，会拉手风琴的他就组织了一个小乐队，在红白喜事上演出。原本他的手风琴奏出的是《长征组歌》，可现在却是"二人转"。王洪喆认为："这些业余文艺活动本来是作为工人的日常交往行为，然而在单位解体、工人下岗后，这些被从工业生产中排除的工人不得不把自己转变为临时雇佣的'文化劳工'……靠售卖自己的文化技能和情感性劳动为生。"②

将《长征组歌》的恢宏、史诗般的叙述与"二人转"的庸俗、日常与戏谑进行对比，通过电影的画面将观众置身其间，我们可以清晰地感受到老国企工人文化的当代表达：没落、衰败、逝去、追忆……余信红的《背影》一书就试图为国企的老职工们塑"一个群

---

① 吕途. 中国新工人：现状与未来 [J]. 中国社会科学报（改革实践版），2015 – 07 – 30.

② 王洪喆. 工人文化宫、中国东北与 20 世纪的文化政治 [J]. 中华读书报，2015 – 12 – 09.

体的雕像"。① 这是一本"献给我亲爱的工人兄弟"的书，扉页上写道："有那么一群人，在那个时代，被亲切地称为'工人老大哥'，他们用辛劳的汗水和无私的奉献铸就了新中国工业的从无到有。他们的青春、年华，甚至生命，都与共和国交织着。当市场化的浪潮席卷而来，他们经历了改革的阵痛、思想的迷失、生存的挣扎，但仍乐观、真诚。"这是一个非常典型的关于老国企工人文化传播的研究视角，即记述"国企老职工的荣耀、艰辛、痛苦和展望，将鲜活故事与时代影像叠加"，通过对比"将对逝去的那个时代的缅怀与追忆跃然纸上"②。

除了呈现之外，研究者还发现了老国企工人身上所保留着的历史记忆、生活经验和文化政治的延续性。

首先，表现在文化形态上。刘岩在《历史·记忆·生产》中不断追问当代主流"民间艺术"叙事中被遗忘和辜负了的历史是什么？他通过整整一章的分析认为，是东北作为社会主义工业基地的"文化生产和传播制度"，才使得"二人转""说书人"等民间艺人的声音"超越了茶肆、书场等特殊的消费空间及其消费群体，成为深植于我们每个人的情感结构中的全民文化记忆"③。他认为，如果没有东北老工业基地工人文化、群众文化与日常生活的重叠，没有工人文化在生产和传播机制上对民间文化的借用，"二人转"很难持续走红很多年，并得到全国人民的喜爱。但是，当人们将"二人转"作

---

① 余信红. 背影：渐行渐远的国企老职工［M］. 北京：中国工人出版社，2015：183.
② 余信红. 背影：渐行渐远的国企老职工［M］. 北京：中国工人出版社，2015：183.
③ 刘岩. 历史·记忆·生产———东北老工业基地文化研究［M］. 北京：中国言实出版社，2016：85.

为"民间性""草根性"的艺术来欣赏的时候，所遮蔽的恰恰是老工业区的工人文化特征，所抹杀的是工人文化在机制层面对中国当代流行文化的贡献。

其次，表现在文化空间上。工人文化宫是具有典型意义的存在。它作为国企为工人提供公共文化服务的重要场所，一方面参与并见证着社会主义工人文化政策的落地；另一方面也是工人释放情感、自我表达与文艺创作的空间。尤其是在十八大以来，中央强调"群众性"文化空间的再造，工人文化宫及其空间在老国企工人文化传播研究中备受关注。胡霁荣关于上海工人文化宫的研究认为，工人文化宫在社会主义文化生产中的主体地位，作为空间生产场域，再生产了社会主义的文化和工人阶级的意识，与国家文化政策之间呈现出复杂的互动关系。①

老国企工人文化传播更重要的价值在于其文化政治意义。虽然老国企工人已经逐渐老去，但是他们的历史实践对于社会主义中国，却是一个开创性的、基础性的事实。作为一个工人阶级领导的、以工农联盟为基础的人民民主专政的社会主义国家，无论中国社会如何变迁，国企如何改制与转型，如王洪喆所说，"主流媒体在特定的时期（比如国庆）还是要依靠这些历史记忆来整合业已分裂的社会认同"②。因此，从文化政治的角度来看，老国企的工人文化是一个渐行渐远但却具有无尽历史资源和政治意味的文化记忆。它在逻辑

---

① 胡霁荣. 社会主义中国文化政策的转型：上海工人文化宫与当代中国文化政治 [M]. 上海：上海人民出版社 2016：215 – 226.

② 王洪喆. 工人文化宫、中国东北与 20 世纪的文化政治 [J]. 中华读书报，2015 – 12 – 09.

和实践上，均是中国特色社会主义文化政策、文化经验和文化传播的重要来源之一，并深刻地影响着当代中国工人文化乃至社会文化。

对老国企工人文化传播的研究，主要呈现出两种取向，一种是"挽歌"式的"背影文化"，描述其越来越淡化的"背影"；另一种是肯定并强调历史的延续性，找寻共同面向未来新的中国特色社会主义文化发展道路的可能。如刘岩所说，他之所以要再现和讨论"东北老工业基地历史的各种文本与文化现象"，是希望可以"最终抵达对蕴含社会主义经验的文化生产的未来可能的尝试性探究"①。

3. 新国企工人文化传播

对于新国企的工人文化传播，常常是被置于企业文化传播的名义下进行的。近年来，社会上出现污名化国企的思潮，"国企遭遇困境的时候，被骂；在取得突出业绩的时候，赢得的掌声也是有限，更多的还是嘲弄、讽刺甚至骂声"②。国企本来是社会主义公有制经济的支柱性力量，但社会舆论却将之塑造为垄断、腐败、低效、奢侈、浪费的形象，甚至在舆论场中陷入"塔西佗陷阱"。如何挽回、改善与重塑国企的声誉和形象，成为国企发展的重要工作任务。

为此，国务院国资委在2012年成立了新闻中心，之后带动许多央企、国企成立相关机构，也由此，企业传播成为近些年来传播学领域的显学。企业对内要求传播企业文化，提升员工凝聚力和文化

---

① 刘岩. 历史·记忆·生产———东北老工业基地文化研究［M］. 北京：中国言实出版社，2016：85.
② 胡钰. 认识国企要有思想定力———国企的改革历程与存在价值［J］. 人民论坛，2014（1）.

认同感，将企业建成一种人人都有责任感和使命感的命运共同体；①
对外要求提升企业形象和品牌美誉度，人人都是企业形象代言人。
新国企的"职工""员工"及其文化传播的重要性也是在这样的语
境下被传播研究者关注的，人的主体作用被凸显。

　　从以人为本的理念看待企业文化传播，其实质是管理人、服务
人、凝聚人。这种传播特征是符合当代媒体格局和舆论生态个性化、
碎片化叙事转型要求的。因此，要改善被污名化的国企形象，也要
回到人的主体位置，实现"企业形象故事化""企业故事人性化"。②
其主要叙事模式是：在大背景下，讲述国企一线职工的小故事，通
过小故事反映新国企工人的情怀与贡献。

　　近些年来新国企工人文化传播的典型大背景有"天宫一号"与
神舟飞船的对接、"世纪工程"港珠澳大桥的修建等；小故事则指的
是包含着兄弟情、夫妻情、父子情、恋人情等的日常生活冲突。如
微电影《完美对接》中恋人之间由于航天发射任务产生冲突、分手
到戏剧性重逢、和好的故事；《神华百名矿工组图》讲述了一个个矿
工的家庭梦想，有梦想让孩子出国留学、一家人出国旅游的液压反
铲司机张德生，有梦想孩子大学毕业找个好工作、在呼和浩特市买
套房子的采煤机检修工梁春生，还有梦想赶快找一个女朋友、稳定
下来过日子的工程机械车间修钳工孙莉栋……③这些文艺作品既体

　　① 蔡罕，郭鉴. 传播学视域下的企业文化研究［M］. 杭州：浙江大学出版社，2010：
11，23.
　　② 胡钰. 用微电影讲好企业故事［M］//央企影像联盟，主编. 央企优秀微电影作品
集. 内部刊印，2016.
　　③ 国务院国资委新闻中心. 视觉新国企［M］. 北京：中国摄影出版社，2015：140 –
147.

现了"时代精神""企业担当"，又极具人情味，能打动人心，而且传播手法专业，制作水平精良。这些新国企工人的文化传播通过小岗位、小人物，展现大责任、大精神，能够注意到"人"，用以人为本的理念进行企业文化和形象的传播，无疑对当代中国工人文化传播具有风向标式的意义。

对于新国企工人文化传播，最值得研究者关注的是，这一现象并没有被研究者关注。尽管新国企在文化传播实践领域很活跃，但并没有吸引太多研究者的注意，也鲜有研究者对这一崭新的文化现象进行观察、梳理和分析。

在研究这一崭新的工人文化传播现象时，如果引入马克思主义的视角，尤其是马克思主义政治经济学的理论范式，我们还会发现另外的问题。在人本的企业文化理念和以人为主体的传播策略中，"人"是谁？当研究者采用"员工"或"职工"的表述方式时，掩盖了"工人"这一身份表达蕴含的丰厚政治意义与历史内涵。企业文化传播，本质上是一种企业经营管理策略，其目的是为了实现或加强企业管理与经营。"没有传播，就没有管理，也就没有企业"，传播是解决企业文化"落地"问题的一个有效工具，因此传播也是企业的一种重要管理工具。① 其核心问题体现在：用"去政治化"的话语来阐释新国企的工人文化，与国企的身份属性与历史使命有很大距离；试图用企业文化传播来替代工人文化传播，或多或少存在着"以资本主义全球话语解释中国特色社会主义文化"的"他

---

① 蔡罕，郭鉴. 传播学视域下的企业文化研究［M］. 杭州：浙江大学出版社，2010：11，23.

者"视角。

　　研究新国企工人文化传播的意义重大，这不仅关系着一种新的文化形态，也关系到国有企业在中国的健康发展。习近平指出，"国有企业是中国特色社会主义的重要物质基础和政治基础，是我们党执政兴国的重要支柱和依靠力量"①。改革开放以来，新国企的竞争力、创新力、带动力、保障力和内在活力全面提升，新国企工人文化传播展示的不仅是工人的形象，更是社会主义中国的形象。新国企既可以在创造物质财富上取得成功，也应当在精神文明层面支撑起当代中国文化的主流，确保中国文化发展的社会主义方向。这"不但对中国探索自己的社会主义道路有重要意义，对世界社会主义运动也有重要意义。整个中国的社会主义事业，尤其是国企改革取得的成效，对世界科学社会主义实践有重要意义，这种意义还会不断凸显"②。尤其是，当新国企工人文化传播逐渐兴起成为规模，当由工人自己创作的、洋溢着奋斗激情和自豪感的歌曲、影视剧等文艺作品传播开来后，其发挥的作用已经超越了形象传播，开始引领当代中国工人文化传播的方向，对中国特色社会主义的文化自信具有理论与实践的双重意义。

4. 当代中国工人文化传播的联结与强化

　　当代中国工人文化传播的盲点在于分割：一方面，"新国企工

① 人民网. 习近平在全国国有企业党的建设工作会议上强调：坚持党对国企的领导不动摇 [EB/OL]. (2016 - 10 - 11) [2019 - 04 - 16]. http://politics. people. com. cn/n1/2016/1011/c1024 - 28770123. html.
② 胡钰. 认识国企要有思想定力———国企的改革历程与存在价值 [J]. 人民论坛，2014 (1).

人"和"新工人"是并列关系，而不是包含关系，这本身就是一个问题。"新国企工人"不是"新工人"吗？只有打工者才是"新工人"吗？这都说明"新工人"、老国企工人和新国企工人之间在实践与话语层面缺少沟通。

从实践中看，在同一家新国企内部，可能有着已经退休的老工人，有着以派遣工形式出现的农民工（"新工人"），也有着有编制的新国企工人，他们在工作上、生活中是有交集、有交流的，但是作为一个共同的工人群体，他们缺少价值观层面的认同，以及对工人身份的共同认知。尽管新国企工人中正在出现越来越多的好的文化作品，但对于整体性的"工人文化"的自觉表达与共同认知还远远不够。换言之，他们身为工人群体中的引领者，并没有意识到这种"引领"的群体使命、阶级使命，而是局限在企业个体形象的树立与传播，把对当代中国工人文化的传播权、解释权和话语权让渡给"文化的他者"，让各种新自由主义、历史虚无主义、民粹主义有了可乘之机。

从理论上看，三类工人文化的传播研究采用的学术范式之间缺少沟通。农民工和老国企工人文化的传播研究更多地从传播政治经济学和文化研究的角度切入，而新国企工人的研究则更多是企业文化传播。吊诡之处在于，后者在经济上确保着中国特色社会主义，发挥着基础性的作用，但在文化上却恰恰缺乏马克思主义的视角，这本身就是一个重大的理论问题，成为马克思主义传播学者的研究盲点。将马克思主义视角让位于前者，于是前者拉起了马克思主义阶级分析的大旗，并以此抵抗不平等的社会政治经济结构，这又制造出新的理论问题，即工人阶级与市场经济如何统一、马克思主义经典理论与当代中国实践如何统一？这成为中国道路有"做法"缺"说法"的鲜明体现。

2013 年，王洪喆提问"两种集体主义之间，在今天有没有结合的可能"①，即将"老工人的文艺主体"和"新工人的文艺主体"统一于社会主义的集体主义，进而建立一种勾连。他认为，新老工人同是社会主义中国的工人，不应"被分割成两个迥异的彼此不相关的故事，老工人的解体和新工人的生成，本来是同一个历史进程的产物，是同一个硬币的两面"②。更有学者将这种"联结"上升到"新阶级形成"和"延续或者重建工人阶级"的高度，赵月枝和吴畅畅认为，这种"有机联系"对于"保证国家文化领导权的人民性与宪法的社会主义性质"③ 具有重要的意义。

如何重建当代中国工人文化传播的主体性与主旋律，已经成为中国特色社会主义文化发展中迫切的理论与实践问题。在三类工人文化传播中，新国企工人文化传播具有鲜明的正能量，我们应将之上升到葛兰西提出的文化领导权高度加以考察，即以新国企工人文化为引领打造为社会大多数成员认同的文化。这是一种不同于企业家的"一线工人文化"。这种认同不能是从外部灌输的，而是（工人）"群众的自发冲动、见识和能力"，是从社会主义意识形态，尤

---

① 崔柯. 新工人艺术团：创作与实践［J］. 文艺理论与批评，2013（4）.
② 崔柯. 新工人艺术团：创作与实践［J］. 文艺理论与批评，2013（4）.
③ 赵月枝，吴畅畅. 网络时代社会主义文化领导权的重建？——国家、知识分子与工人阶级政治传播［J］. 开放时代，2016（1）.

其是工人阶级文化内部提炼加工而成的。①

这种提炼加工"一线工人文化"的实践基础越来越丰厚，因为新国企工人文化传播的自觉性在提高。在国务院国资委 2014 年举行的"一线工人故事会"上，通过图片、视频、歌曲、快板、评书、微电影、舞台剧等多种艺术形式，讲述了多位工人的故事。比如中国能建山西电建二公司焊工贾向东，一名普通农民工成长为全国劳模，受到了习近平总书记接见，在焊花飞溅中实现人生梦想的故事；航天科技七院 7102 厂祝俊华，在大山深处为祖国"航天梦"奉献青春与终身的无悔人生；中缅管道工地普通石油女工"职业报国，为国奉献"；武钢张金波身残志坚、自强不息、心怀大爱、回馈社会；南网归侨兄弟坚守林场十三年，用青春和汗水点亮百姓万家灯火；中石化"石油妈妈"邵均克以慈母情怀帮助残疾职工走向自立和幸福……这些个体都展示了当代新国企一线工人的工作场景、生活状态和乐观坚韧、积极向上的精神世界。

与当代文化传播中活跃的"成功人士""富豪阶层"形象相比，一线工人的岗位很小，但小岗位有大作用、大责任、大情怀。一线工人做出许许多多的贡献，是不可替代的，而这些贡献又往往是不为人所知的。讲好一线工人故事，传播好一线工人文化，可以推动全社会对一线工人文化的认知、认可、认同，可以推动当代中国工人既创造物质财富也创造精神财富，可以推动以新国企工人文化为代表的工人文化成为中国特色社会主义文化的重要组成部分。

---

① 葛兰西. 政治家、囚徒和理论家［M］. 毛韵泽，译. 北京：求实出版社，1987：257.

本雅明认为："知识的保管人不是某个人，也不是某些人，而是斗争着的被压迫阶级本身。""社会民主党认为给工人阶级指派一个未来几代人的拯救者的角色是再恰当不过了，他们就这样斩除了工人阶级最强大的力量。"① 这种力量就是工人阶级自己的创造力、表达力，这是最宝贵的力量。国务院国资委新闻中心曾把一线工人故事编辑成题为《一线英雄传》的图书，在这本书的新书发布会上，舒乙提出，读文学作品可以发现世界上伟大的艺术家、思想家和科学家，都多多少少有些傻气。因为他们有理想，很浪漫，很真诚。而本书中的这些一线工人们，恰恰都非常有理想，也非常浪漫、真诚、有点儿傻气的，这正是他们伟大的地方。② 这一评论充分体现了以新国企工人文化传播为主流和引领的当代中国工人文化传播的可能性与必然性。让有时代特点的工人们的文化传播开来，无论对工人群体、企业发展，还是对中国特色社会主义文化发展，都具有重要意义。

回到早期的英国马克思主义传统，威廉斯等人认为"真正的工人阶级文化"的最终形成或最终获得领导权，必须是一种"共同文化"。③ 其基础是在长期革命和社会主义建设过程中形成的共同的信仰和价值。因此"共同文化"不是"少数人的意义和信念的一般性延伸"，而是"创造条件"，让人民或者工人"作为一个整体参与到

---

① 汉娜·阿伦特，编. 启迪：本雅明文选 [M]. 北京：生活·读书·新知三联书店，2014：272.
② 胡钰. 水木烙印 [M]. 北京：清华大学出版社，2017：186.
③ 刘进. 文学与"文化革命"：雷蒙德·威廉斯的文学批评研究 [M]. 成都：巴蜀书社，2007：383.

表述意义和价值观的活动中来"。① 汤普森认为，工人阶级骨子里就有一种合作精神，具有"共同学习、共同讨论和共同进步的传统"②。具体到中国实践，曾经各行各业的工人阶级可以抛开成见，和农民阶级结为联盟。今天，我们也有理由相信新国企工人、老国企工人和进城务工人员可以重新团结，共同表达自身的价值诉求与人生体验，共同建设中国特色社会主义的一线工人文化。

阿兰·巴迪欧曾提出"我们"这个概念，他认为我们从来"不曾放弃过对'我们'的追求"，只是在不同时期，"我们"或者是友爱互补和谐的"我们"，或者是"充满异见"的"我们"。③ 在中国特色社会主义文化发展道路上，如何消除工人文化内部的"异见"，实现工人阶级及其文化的重建，将缺乏沟通的不同类型的工人文化再造为"互补和谐"的工人阶级的"共同文化"？能不能从新国企工人文化中找到"我们"的最大公约数？是致力于工人文化研究的传播学者的当代使命。

（五）中国博物馆文创的兴起

近些年来，博物馆文创领域发展迅猛，一方面，中国国家博物馆、故宫博物院、敦煌研究院这中国三大文博馆院，在文创领域都积极与其他各个行业展开合作，传播中国传统文化的灿烂丰富与历史的深沉厚重，赢得了广泛的社会好评。另一方面，腾讯等互联网

---

① 雷蒙·威廉斯. 希望的源泉：文化、民主、社会主义 [M]. 祁阿红，吴晓妹，译. 北京：译林出版社，2014：41.
② 汤普森. 英国工人阶级的形成 [M]. 钱乘旦，译. 北京：译林出版社，2001：874.
③ 阿兰·巴迪欧. 世纪 [M]. 蓝江，译. 南京：南京大学出版社，2011：107.

领军企业、科技代表，在发展内容产品的同时，也非常注重与中国文化相结合，践行寓教于乐，传播人文之美。"博物馆文创"的兴起，体现出了人们对高品质文化生活的期盼，也反映出了博物馆积极回应社会需求，树立文创理念，通过文物藏品与创意、科技、生活相结合的方式，创新载体，服务社会，面向世界，传播中国。

1. 中国国家博物馆："国博衍艺"和"文创中国"

国家号召、社会关注、民众热情，让文创产品的开发与经营已成为国内博物馆的"标配"。但在此过程中，每家博物馆也都在根据自身定位与客观条件不断探索属于自己的特色道路。作为在文博领域最具权威性和影响力的国家级博物馆，中国国家博物馆是如何打造和开发明星产品的呢？又如何通过有效运营带来可观流量和广泛社会关注的呢？

（1）循序渐进，三阶段探索文创之路

中国国家博物馆文创产业发展始于 2011 年。2011 年至 2013 年，是国博文创发展的初创期。从一开始，国博就将整个博物馆文创的发展及文创衍生品的开发提升到了战略高度，投入了大量的人力物力，并且将"传播馆藏文明""让文物活起来""讲好中国故事"作为整个国博文创工作发展的核心目标，始终围绕这三个核心目标开拓国博文创产业。

从 2013 年到 2016 年，进入国博文创产业发展的第二阶段，即发展期。此时，国博文创产品种类、经营模式、资金积累等方面都有了一定的基础。随着新馆开放，观众量也在逐年增加，规模从最初的每年 500 万人次到现在每年 800 万人次。单从服务的角度来看，每年国博要服务的观众，也以非常高的增长速度在增加。在发展期，国博由"广"到"深"，更多地聚焦在深入挖掘博物馆的馆藏资源、文创产品的深度开发上，在实施把文物背后的故事挖掘好的同时，也在为国博文创"从馆舍天地走向大千世界"做着准备。

2016 年，国博文创产业发展进入转型期。从 2016 年开始，国博借助互联网技术，与网络进行了深度的融合探索，首先根据文创发展规律进行系统架构设计，再与阿里巴巴集团、上海自由贸易实验区等机构进行合作搭建"文创中国"的文创生态平台，建立了线上的官方旗舰店及线下的"文创中国"大区运营中心。同时，借助与速卖通跨境电商平台合作建立了国博速卖通旗舰店，实现英语、俄罗斯语、西班牙语三个语种的服务，可以覆盖全球 200 多个国家和重点地区，通过跨境销售使国博文创产品真正首次以文化消费的方式走出国门、走向世界。

（2）品牌建设，开发馆藏资源搭建行业平台

目前，国博已经形成了以"国博衍艺"和"文创中国"两个主打品牌为线索的文创产品链条。"国博衍艺"是产品品牌，含有国博元素的、以国博自己馆藏文物衍生品为主的产品的品牌。国博的文创产品类别丰富多样，设计开发的产品种类有 3000 余款，其中自主研发的拥有完全自主设计版权的文创产品有 1800 余款。产品涵盖了创意家居、办公用品、文具、服装配饰、邮品、玩具、电子产品、商务礼品等十二个大类。价格上从几元到几万元不等，可满足不同消费层次人群的需求，受到广大消费者欢迎。"文创中国"是平台品牌，是从文化创意产品的内容挖掘、开发、生产、运营、销售，让

社会各机构都能参与进来的平台的品牌。这一平台是立足于文博及相关单位馆藏开发的带有行业性的生态体系尝试。两个品牌目的都是为了"让文物活起来""讲好中国故事",但又名有侧重、协同发展。不仅能够做好本馆的馆藏文物衍生产品,还致力于搭建平台,实现全国文博场馆的协同发展、各个产业领域的通力合作,这是国博文创发展的优势与特色,也是国博作为国家级博物馆主动承担的责任与使命。

(3)未来规划,聚合力量承担文化使命

从长远看,国博以更开放的心态,把国博馆藏资源深入地挖掘出来,利用新模式、新技术及社会优质资源和力量把这些元素、内容通过设计开发工作转化成产品进入公众的生活和家庭当中,满足人民日益增长的物质和精神文化需要,使生活更美好,实现让文物"活起来"。

在长期规划中,国博在"互联网+"的基础上还将持续关注"AI+",关注"智慧商店"的建设,关注新技术的发展与博物馆文创产业的结合,尤其关注"区块链"技术的发展对未来文创生态发展的助力和落地应用,努力在现有政策条件基础上探索博物馆文创产业发展的特色之路。同时,在国博的发展规划中,还将致力于完善"文创中国"平台的系统搭建,加大IP授权合作模式的力度,为全国的博物馆提供平台支持,发挥国家博物馆头雁的作用。

国博文创未来的发展中,会始终坚持以社会效益为首、社会效益与经济效益相统一的发展方针。国博文创发展要立足于服务线下来馆的观众,以及线上可以触及的国内外消费者,积极推广和传播中国优秀传统文化、革命文化和社会主义先进文化，真正地完成实现让"文物活起来""讲好中国故事"的工作使命和任务。

2. 故宫博物院：让故宫成为一种生活方式

故宫是传统文化的载体，凝聚着中国人的智慧与创意。既保存好已有的物质财富，又将故宫蕴涵的精神财富挖掘出来，一起传承下去，是国人对故宫作为博物院的期许，基于此，故宫与腾讯等多个科技企业合作，借助科技的方法、网络的力量，让古老的文化在今日也能渗透进人们的生活。在这些合作中，故宫借助新科技推动文化的传播，文化的发展也带动更多技术的革新。故宫所代表的传统文化不断产生新的创意，与更多新领域、新技术相融合，也推动了传统文化的传承和延续，赋予传统文化属于这个时代的全新活力。

（1）前沿技术，助力传统文化融入数字生活

故宫博物院与腾讯于 2016 年 7 月正式建立合作伙伴关系，共同推动传统文化与数字创意的深度结合，以社交、游戏、动漫、音乐、工具、青年创新赛事、人工智能、云计算、LBS、眼动技术十大文创业态与前沿技术，致力于让故宫传统文化"活起来"。故宫与腾讯先后推出故宫 QQ 表情、《奇迹暖暖》"故宫传统服饰"主题、《故宫回声》主题漫画、"玩转故宫"小程序、《天天 P 图》"故宫国宝唇彩"换妆、《古画会唱歌》音乐专辑等十余个优秀的文创产品或活动。

由故宫博物院、Next Idea 腾讯创新大赛、QQ 音乐联合举办2018 故宫 × 腾讯 Next Idea 音乐创新大赛，大赛首发曲《丹青千里》上线当日，视频播放量超过 3400 万；大赛主题#古画会唱歌#的微博

话题阅读量破 1.2 亿。社交方面，2016 年 Next Idea 故宫表情大赛中，选手创作的 QQ 表情首月下载逾 4000 万次；互动 H5《穿越故宫来看你》上线 3 小时浏览量就超过了 150 万。

故宫联合腾讯代理发行的流行换装游戏《奇迹暖暖》，在"传统服饰文化"领域进行形象授权合作，以《清代皇后朝服》和《胤禛美人图》为首期主题，打造的宫廷服饰皮肤，总下载近 4000 万；动漫方面，故宫首部主题漫画作品《故宫回声》以二次元形式呈现故宫文物南迁的历史故事，在腾讯动漫平台上发布连载，热度比肩平台头部作品；以人工智能技术为基础的《天天 P 图》推出"故宫国宝唇彩"换妆互动游戏，借线上唇彩试色互动传播相关趣味文物色彩知识，上线一周就有千万人次参与。

（2）寓教于乐，推出多款功能游戏和前沿游戏

结合故宫博物院提出的"让故宫成为一种生活方式"的理念，故宫与腾讯在游戏领域也进行了深度合作，联合创作多款功能游戏和前沿游戏。《第五大发明》是 2016 年双方首次合作的游戏创意大赛金奖作品，这款功能游戏基于中国古代建筑艺术"榫卯"打造，玩家在游戏中将体会到古建筑结构艺术"榫卯"的独特魅力。

双方还联合研发了以教授知识技巧、提供专业训练和模拟为主要内容的新游戏《故宫：口袋宫匠》。该游戏由故宫联合腾讯游戏研发，在故宫的真实场景中，玩家进行简单的遥控操作，就能用材料自行"搭建"出养心殿、慈宁宫等知名宫殿，在游戏互动中自然地掌握古代宫殿建筑相关知识。

此外，还有系列前沿游戏，《睛·梦》是腾讯首款应用眼动追踪

技术的前沿游戏，结合故宫经典书画藏品，通过识别人眼移动触发操作，实现与屏幕画面实时同步。游戏画作均取材于中国经典书画作品，玩家可以在互动中感受中国书画之美。

（3）数字文保，探索树立博物馆数字化标杆

故宫与腾讯还于 2017 年成立了"故宫博物院—腾讯集团联合创新实验室"，结合腾讯的技术优势，双方共同探索先进数字技术在文博领域的保护、研究和展示等应用，将文保工作与前沿数字技术的各个环节紧密结合，实现从用户前端到技术后台的全链条数字化覆盖，为世界文化遗产的永续留存探索智能化解决方案。

由实验室孵化的，基于腾讯 LBS 技术的导览小程序"玩转故宫"等前端产品面向大众，带动了故宫的线上线下游览体验升级。"玩转故宫"由故宫博物院与腾讯地图联合打造，生动展示故宫全貌，为游客提供博物馆概况、位置查找、路线规划等服务。

在后端平台建设上，腾讯云为故宫提供技术支撑，打造线上博物馆平台，实现快速扩容，满足故宫未来线上业务的增长需求，并将故宫数字文物影像以多备份机制存储于腾讯云端，确保数字文物的数据安全。目前，双方还结合区块链技术，在数字文物保存等方面探讨进一步合作。

故宫博物院在文物保护、修复、陈列、宣传、展示、传播与服务大众等方面，与腾讯开展全面协作，全方位推进故宫数字化建设。双方的三年合作实践，涵盖了"新文创"的数字内容创新活化，以及"新科技"对数字文博的全链条支撑，形成了完整的数字文化保护解决方案，这种先进的文化生产方式，也必将进一步助力传承传

统文化，打造更多具有广泛影响力的中国文化符号。故宫博物院与腾讯的合作，也为文博院馆与科技企业的合作树立了"数字文博"这一新的标杆。

3. 敦煌研究院：传播敦煌文化需要创新载体

2017 年，敦煌研究院与腾讯开展合作。敦煌与腾讯的合作，既是时代的产物，又是跨时代的结合。此前，敦煌因为位于中部地区，文保科研经费有限，旅游客流也不大，整体开发水平和国博、故宫相比都有距离，给人的印象就是"敦煌是传统的"。但是随着时代的发展，传播敦煌文化也需要有现代观念，需要利用科技手段，展开创意开发，让年轻人接受。因而，敦煌与腾讯展开合作，目标明确：希望敦煌的科学研究，能够借助腾讯的数字文保方案，展开进一步的创新探索，扩大敦煌石窟文化在世界范围的影响。

（1）数字供养人，年轻人接续文化薪火

"数字供养人"的概念源自敦煌石窟"供养人"。1650 多年前，丝绸之路上的人们为了寻求护佑与指南，在敦煌出资开窟，这些出资人就被称为是敦煌石窟的"供养人"。今天这个网络时代中，"供养人"的形式当然也有了新的变化。2018 年 6 月，敦煌与腾讯共同策划发起了"数字供养人"计划，从敦煌供养人的历史渊源出发，鼓励大众，尤其是年轻一代，通过互联网公益、游戏、动漫、音乐等多元化数字创意方式，参与到敦煌壁画的数字化保护之中，成为敦煌在网络时代的"数字供养人"，将敦煌的千年文化传承到下个千年。

"数字供养人"计划精选 31 幅即将消失的敦煌壁画，并标注原解，再结合现代人熟悉的生活场景和语言形式，形成一系列智慧妙语。将千年壁画里的普世智慧，应用到现代大众生活场景之中，图文并茂制成"智慧锦囊"互动 H5。同时，用户也可以通过这个入口，捐赠 0.9 元用于敦煌莫高窟的数字化保护，项目上线 2 个小时就获得超过百万用户关注，唤起全民文保意识，让敦煌壁画的数字化保护不再是一家之事。

（2）数字化保护，敦煌壁画修复再添利器

要进行文化再生产，首要的前提，必然是确保敦煌壁画中历史、文化信息的准确和完整。在敦煌石窟中，共有历代壁画五万多平方米。长久以来，自然和人为因素给它们带来了诸多损毁。要复原临摹这些壁画，需要耗费大量时间和精力。比如，莫高窟第 172 窟整窟的复原临摹工作，就需要花费 16—20 位美术工作者 3—5 年的时间。针对这一问题，腾讯的优图实验室，与敦煌专家开始探讨，是否有可能利用新技术来提高壁画修复、还原效率。比如，利用计算机视觉技术辅助分析壁画的配色方案，以及破损区域检测等。通过人工智能算法可能把一些壁画临摹步骤自动化，进而提升整体的临摹效率。双方也在尝试基于 AI 技术的再创作。通过对完整壁画头像的深入学习，腾讯研发出一套人像风格迁移算法，能够将变色、残损的壁画局部进行创作修复。

（3）数字化创意，飞天、古乐"降落凡尘"

敦煌石窟中有着丰富的造型元素，腾讯和敦煌也希望通过现代艺术形态进行演绎，让它们获得全新的生命力，再次成为我们日常生活中的组成部分。腾讯旗下受到全民欢迎的游戏《王者荣耀》，基于敦煌研究院的指导，打造出了一款以敦煌壁画为主题的英雄皮肤——"遇见飞天"。为了能在这款皮肤里，尽可能地还原敦煌壁画中飞天的形象，腾讯投入了22位设计师，在敦煌研究院3位专家的指导下，翻阅了大量文献资料。前后历时半年，经历了数十版的反复修正，最终得以成形。"遇见飞天"这套皮肤的每一个细节，都是可以在敦煌壁画中找到原型和依据的。在色彩上，在设计时，选取了盛唐敦煌壁画中常用的铅丹、铁红、石青和青金石等颜料的颜色，作为这款皮肤的主色调；在装扮上，尽可能参考了盛唐女性的妆容和服饰。而飞天所佩戴的璎珞、臂钏等，也都取材于敦煌壁画。该皮肤上线之后，"飞天"的美通过全方位的动态重绘，再次出现在当代人的面前，4000万用户因此下载了这款皮肤，通过游戏的渠道感受到了敦煌文化、中华文化的魅力。

敦煌文化不仅仅停留在视觉上，同样属于敦煌文化的，还有敦煌古乐。在长期的科学研究中，敦煌研究院解析整理出了一批敦煌古乐曲，基于这些研究成果，敦煌与腾讯、QQ音乐联合举办了敦煌"古乐重声"音乐会，不仅演奏了经过解译后原汁原味的敦煌古曲，更展示了当代艺术家及音乐人以敦煌文化为灵感打造的"古曲新创"系列优秀作品。这些音乐从敦煌藏经洞古乐谱发想，让敦煌文化与音乐场景连接，实现敦煌古乐的复原和新生，实现了敦煌音乐文化的保护与传承。

除此之外，敦煌与腾讯的合作，也在探索多种多样的形式、服务从科研到展览的各个角度。"敦煌传统游戏探索之旅"以小游戏、线下互动装置等形式，数字化还原千年壁画中记载的传统游戏；腾讯"博物官"运用图像识别技术，结合敦煌研究院的数字化成果，更好地呈现洞窟、壁画相关的讲解内容；"腾讯地图"为莫高窟景区量身打造了一款智慧导览地图，用小程序为游客提供手绘地图、推荐路线、设施查找等服务；"腾讯动漫"与敦煌研究院合作改编"经变画"漫画，用连环插画的形式解读"经变画"故事；"腾讯文创"将基于莫高窟藻井艺术，用线上互动方式号召用户自发设计文创丝巾，让极具文化价值和历史价值的敦煌艺术以全新形式重归公众视野。这些成果涵盖敦煌研究院与腾讯旗下游戏、音乐、地图、智慧导览等产品深度合作的众多项目，呈现出敦煌文化创意化、科技化、生活化的多元方式和全新可能，也为"传统型"博物馆文保机构的现代化转型提供了可供借鉴的经验。

结　语

　　作为文明古国，中国在世界上的形象是清晰的，但作为现代国家，中国在世界上的形象还不够清晰。事实上，世界已经知道中国有多古老，但还不知道中国有多现代。

　　在传播当代中国国家形象时，首要的问题不是中国优秀与否，而是中国形象清晰与否。清晰地传递出一个当代世界上不同国家、不同民族能够认知且认同的中国形象、大国形象，对中国的未来发展至关重要。中国对世界既要有贡献度，也要有美誉度。

　　对中国的国家形象来说，最重要的是国家的文化形象。有了文化认同，才有民心相通，才有价值认同。经济往来、政府外交与人文交流"三合一"共同发力，才能推动中国真正走近世界舞台中央。对当代中国的文化形象传播来说，需要坚持返本开新、挖掘文化土壤、培育创意种子，需要动员更多的社会力量投入，尤其是动员更多的青年人投入。

　　树立国家文化形象要凸显国家的"年轻化"特征。一方面，在传播当代中国文化时，要以创新的姿态，培养青年意识，依靠青年力量，展现青年气质。事实上，不论是树立文化自信还是建设文化强国，任何忽视青年需求、轻视青年力量的做法都是不可取的。另一方面，对当代中国文化传播来说，培养大批具有文化使命感和文化创造力的青年文创人才是关键所在。新一代文化传播者有着天然的全球感与科技感，但需要把这种天然禀赋转化为对传播中国文化的意识、能力与行为，这是对个体潜力的激发，更是对国家潜力的激发。

在网络媒介作为当代主导传播媒介的环境下，中国文化要进入网络，才能进入世界。值得欣喜的是，中国网络文学成为新的世界文化景观，得到越来越多的世界喜爱，而现实主义题材也越来越成为网络文学新的创作热潮，能更好地传递出中国的当代形象。与此同时，中国网络游戏蓬勃发展，也得到越来越多的世界喜爱，而传统文化内涵越来越成为网络游戏新的创作背景，也能更好地传递出中国的文化形象。网络文学的现实取向与网络游戏的传统回归成为当代中国网络文化中具有典型性的趋势。

传播中国文化是典型的跨文化传播，既需要覆盖面，也需要到达率，更需要感染力。这种传播既要强调文化的主体性，也要强调文化的主体间性。我们要做的工作，是面向世界讲好中国故事，而不仅仅是面向中国讲好中国故事。讲好故事就要说新话、说真话、说别人能听懂的话、说打动人心的话。

当代文创发展是当代文化大发展的集中体现，也是推动文化大发展的重要力量。要树立文创理念，鼓励当代中国文化传播的创意性、科技性与生活性，挖掘中华传统文化基因，打造更多有故事、有体验、有授权的文创产品。随着文创产业的发展，新型文化业态不断出现，当贸易中的文化逆差自然消失、传播中的文化折扣自然减少，中国的文化魅力就会自然绽放。

　　世界复杂性与文化多样性是当代人类社会的普遍客观存在，而保守主义、单边主义、极端主义却是当代人类社会的一种主观存在，会间歇性地凸现与蔓延。在此时代，面对全球性的共同挑战，从文化价值观上解决冲突具有根本性的意义，事实上，科技创新只能解决物质领域的问题，文化创意才能解决精神领域的问题。在此进程中，中华文化中的人文精神，以及基于这一精神基础上的人类命运共同体理念，无疑具有普遍意义和积极意义，既体现民族特色，又适应世界需求，对建设人类新文明具有重要作用。从这个角度上说，文创理念不仅是为了中国，为了传播当代中国文化，也是为了世界，为了建设人类新文明。